PRZETRWAŁAM
ŻYCIE OFIARY JOSEFA MENGELE

EVA MOZES KOR   LISA ROJANY BUCCIERI

PRZETRWAŁAM

ŻYCIE OFIARY JOSEFA MENGELE

PRZEŁOŻYŁA TERESA KOMŁOSZ

Prószyński i S-ka

Tytuł oryginału
SURVIVING THE ANGEL OF DEATH
The Story of a Mengele Twin in Auschwitz

Projekt okładki
Irina Pozniak

Zdjęcie na okładce
Agencja fotograficzna BE&W

Redaktor prowadzący
Adrian Markowski

Redakcja
Piotr Chojnacki

Korekta
Małgorzata Denys

Łamanie
Jacek Kucharski

ISBN 978-83-7839-704-5

Warszawa 2014

Wydawca
Prószyński Media Sp. z o.o.
02-697 Warszawa, ul. Gintrowskiego 28
www.proszynski.pl

Druk i oprawa
OPOLGRAF Spółka Akcyjna
45-085 Opole, ul. Niedziałkowskiego 8-12

Książkę poświęcam pamięci mojej matki Jaffy Mozes, mojego ojca Aleksandra Mozesa, moich sióstr Edit i Aliz oraz mojej bliźniaczej siostry Miriam Mozes Zeiger. Dedykuję tę książkę również dzieciom, które przeżyły obóz, a także wszystkim dzieciom na świecie, które cierpiały z powodu zaniedbania i złego traktowania, ponieważ chciałabym uhonorować ich walkę o powrót do życia po traumie, jaką była dla nich utrata dzieciństwa, bliskich i poczucia przynależności do rodziny. Na koniec dedykuję tę książkę mojemu synowi Alexowi Korowi i mojej córce Rinie Kor, którzy są moją radością, dumą i wyzwaniem.

E.M.K.

Olivii, Chloe i Genevieve, które są powodem wszystkiego. I mojej siostrze Amandzie za uratowanie mi życia.

L.R.B.

Eva (z lewej) i Miriam (z prawej), Auschwitz, 26 stycznia 1945 rok. Fot. BE&W

Prolog

Drzwi zostały otwarte na oścież po raz pierwszy od wielu dni, dzienne światło spłynęło na nas niczym błogosławieństwo. Byliśmy upchnięci z dziesiątkami innych Żydów w małym bydlęcym wagonie, który ze stukotem kół toczył się naprzód, uwożąc nas coraz dalej od naszego domu w Rumunii. Teraz ludzie zaczęli się rozpaczliwie przepychać do wyjścia.

Trzymając kurczowo za rękę swoją siostrę bliźniaczkę, dałam się wysadzić razem z nią na peron; nie wiedziałyśmy, czy się cieszyć, że nas wypuszczono z wagonu, czy raczej lękać tego, co nastąpi. Był chłodny poranek, zimny wiatr owiewał nam gołe nogi przez cienki materiał jednakowych bordowych sukienek.

Od razu się zorientowałam, że jest bardzo wcześnie, słońce ledwie wychodziło zza horyzontu. Ze wszystkich stron otaczały nas wysokie płoty z drutu kolczastego. Esesmani wychylali się z wież strażniczych, celując do nas z karabinów. Owczarki, trzymane na smyczach przez innych żołnierzy SS, szarpały się, szczekały i warczały jak wściekły pies, którego widziałam kiedyś we wsi; w ich mokrych od piany pyskach błyskały ostre białe kły. Czułam, jak serce mi wali. Dłoń mojej siostry zrobiła się ciepła i lepka od potu. Matka z ojcem i nasze dwie starsze siostry, Edit i Aliz, stały tuż obok.

– Auschwitz? – usłyszałam głośny szept mamy zwracającej się do ojca. – To Auschwitz? Co to za miejsce? Nie jesteśmy na Węgrzech?

– Jesteśmy w Niemczech – brzmiała odpowiedź.

Przejechaliśmy granicę i znaleźliśmy się na terytorium Niemiec. Tak naprawdę byliśmy w Polsce, ale Polska została zajęta przez Niemców. Na terenie Polski okupowanej przez Niemców znajdowały się wszystkie obozy koncentracyjne. Nie zostaliśmy zabrani do węgierskiego obozu pracy, żeby pracować, tylko do nazistowskiego obozu koncentracyjnego, żeby umrzeć. Nim zdążyło to do nas dotrzeć, poczułam szturchnięcie w ramię i odepchnięto mnie na bok.

– *Schnell! Schnell!* Szybko! Szybko! – Esesmani wyganiali pozostałych więźniów z wagonu na szeroką rampę.

W powstałym zamieszaniu Miriam starała się trzymać jeszcze bliżej mnie. Słabe światło dnia to nikło, zasłonięte przez wyższych ludzi stających przed nami, to się pojawiało, kiedy strażnicy odciągali ich na jedną lub drugą stronę. Wyglądało to, jakby dokonywali wyboru, dzieląc nas, więźniów, na dwie grupy. Tylko po co?

Nagle zaczęło się robić coraz głośniej. Strażnicy wciąż prowadzili selekcję, kierując kolejne osoby na prawą lub lewą część peronu. Psy warczały i ujadały. Pośród ludzi przybyłych w bydlęcym wagonie rozlegały się płacze, zawodzenia, krzyki, wszystko jednocześnie; każdy wypatrywał członków swojej rodziny, których nagle od niego oderwano. Mężczyzn oddzielono od kobiet, dzieci od rodziców. Sytuacja na rampie zmieniała się w istne pandemonium. Wszystko wokół działo się coraz szybciej i szybciej, nabierało obłąkańczego tempa.

– *Zwillinge! Zwillinge!* Bliźniaczki! Bliźniaczki! – Sekundę potem jeden z przechodzących strażników zatrzymał się przed nami jak wryty. Popatrzył na nas, na mnie i Miriam, jednakowo ubrane.

– Są bliźniaczkami? – zwrócił się do mamy.

– To dobrze? – spytała z wahaniem.

– Tak – odpowiedział strażnik.

– Są bliźniaczkami – potwierdziła mama.

Bez słowa chwycił nas i oderwał od matki.

– Nie!

– Mamo! Mamo! Nie!

Krzyczałyśmy z Miriam i płakałyśmy, wyciągając ręce do matki, która z rozpostartymi ramionami, przytrzymywana przez strażnika, próbowała się do nas wyrywać, ale została brutalnie odepchnięta w inną część rampy.

Krzyczałyśmy wniebogłosy. Szlochałyśmy. Błagałyśmy o zmiłowanie, ale nasze lamenty ginęły pośród ogólnego chaosu, zgiełku i rozpaczy. Nie miało znaczenia, jak bardzo płaczemy i jak głośno krzyczymy. Zostałyśmy z Miriam wybrane, bo miałyśmy jednakowe sukienki, bo byłyśmy identycznymi bliźniaczkami, łatwymi do zauważenia w tłumie brudnych, wyczerpanych żydowskich więźniów. Wkrótce miałyśmy stanąć oko w oko z Josefem Mengele, nazistowskim lekarzem znanym jako Anioł Śmierci. To on przeprowadzał selekcję na rampie, oddzielał tych, którzy mieli żyć, od przeznaczonych na śmierć. Ale my jeszcze tego nie wiedziałyśmy. Wiedziałyśmy tylko, że nagle zostałyśmy same. Miałyśmy zaledwie po dziesięć lat.

Nigdy więcej nie zobaczyłyśmy taty, mamy, Edit i Aliz.

Rozdział pierwszy

Miriam i ja byłyśmy identycznymi bliźniaczkami, najmłodszymi z czterech sióstr. Słysząc, jak niechętnie starsze siostry opowiadały o naszych narodzinach, można się było od razu domyślić, że byłyśmy ulubienicami całej rodziny. Cóż może być słodszego i piękniejszego od dwóch jednakowych dziewczynek?

Przyszłyśmy na świat 31 stycznia 1934 roku w wiosce Portz w rumuńskim Siedmiogrodzie, niedaleko węgierskiej granicy. Już w niemowlęctwie matka lubiła nas jednakowo ubierać, dodatkowo wiążąc nam na główkach wielkie kokardy, żeby wszyscy od razu wiedzieli, że mają do czynienia z bliźniaczkami. Sadzała nas nawet na parapecie okna naszego domu; przechodnie myśleli, że jesteśmy cennymi lalkami, a nie żywymi dziećmi.

Podobieństwo między nami było tak wielkie, że musiała stosować rozmaite oznaczenia, żeby nas odróżnić. Ciotki, wujowie i kuzyni lubili się bawić w zgadywanki, próbując wskazać tę właściwą.

– Która z nich jest Miriam? A która Evą? – mruczał wujek z błyskiem rozbawienia w oku. Matka uśmiechała się wówczas dumnie, spoglądając na swoje śliczne małe laleczki, a obie nasze starsze siostry prawdopodobnie wzdychały ze złością. Tak czy inaczej, większość odgadywała błędnie. Kiedy podrosłyśmy na tyle, by pójść do szkoły, zdarzało nam się robić użytek z naszego podobieństwa i nabierać ludzi, co stanowiło dla nas świetną zabawę. W ogóle przy każdej okazji wykorzystywałyśmy naszą szczególną, uprzywilejowaną sytuację.

Choć tato był człowiekiem raczej surowym i ostrzegał zarówno nas, jak i matkę przed zgubnymi skutkami nadmiernej próżności, wspominając, że nawet Biblia ją piętnuje, mama bardzo dbała o nasz wygląd. Ubierała nas w rzeczy szyte na miarę, tak jak dziś robią bogacze noszący stroje od modnych projektantów. Zamawiała materiał w mieście, a kiedy go dostarczano, zabierała Miriam, mnie, Edit i Aliz do krawcowej, która mieszkała w sąsiedniej wsi Szeplak. W jej domu pozwalano nam przeglądać żurnale z modelkami prezentującymi najnowsze kreacje. Jednak to matka podejmowała ostateczną decyzję co do kroju i koloru naszych sukienek, ponieważ w tamtych czasach dziewczynki zawsze nosiły sukienki, nigdy zaś spodni czy ogrodniczków stosownych dla chłopców. Dla mnie i Miriam matka zawsze wybierała bordowy, jasnoniebieski i różowy. Następowało zdjęcie miary, ustalano termin kolejnej wizyty i kiedy się zjawiałyśmy następnym razem, krawcowa miała dla nas sukienki gotowe do przymierzenia. Fasony i kolory zawsze były identyczne – dwie sukienki stanowiły idealnie jednakową parę.

Inni dawali się nabierać, ale nasz ojciec potrafił nas rozróżniać po zachowaniu wynikającym z charakteru. Patrząc na moją postawę, wykonywane gesty, od razu wiedział, że ja to ja, ledwie otworzyłam usta, żeby się odezwać. Mimo iż moja siostra urodziła się jako pierwsza, to ja byłam przywódcą. Byłam też wygadana. Zawsze kiedy musiałyśmy o coś tatę poprosić, moja najstarsza siostra Edit namawiała mnie, żebym to ja się do niego zwróciła.

Mój ojciec, religijny Żyd, zawsze chciał mieć syna, ponieważ w tamtych czasach tylko chłopiec mógł brać udział w publicznych modłach i odmawiać kadysz, modlitwę za zmarłych. Ale tata nie miał syna, tylko moje siostry i mnie. Ponieważ byłam młodszą z bliźniaczek i jego ostatnim dzieckiem, często patrząc na mnie, mawiał: „Powinnaś się była urodzić chłopcem". Zapewne miał na myśli to, że byłam jego ostatnią szansą na posiadanie syna. Mój charakter jeszcze to potwierdzał; byłam silna, odważna i śmiała w mowie – zapewne tak sobie wyobrażał swego ewentualnego męskiego potomka.

Silna osobowość, choć mnie wyróżniała, miała też swoje złe strony. Odnosiłam wrażenie, że ojcu nic się we mnie nie podoba, z niczego, co zrobiłam, nie był zadowolony. Wiele razy toczyliśmy zażarte dyskusje, nierzadko zakończone kłótnią, ponieważ nie miałam zamiaru ustąpić. Nie przyjmowałam do wiadomości, że ojciec ma rację tylko dlatego, że jest mężczyzną, moim ojcem i głową rodziny. Dlatego prawie nigdy nie mogliśmy dojść do porozumienia, tata i ja.

Z całą pewnością poświęcał mi więcej uwagi niż Miriam i pozostałym siostrom, ale nie zawsze był to rodzaj uwagi, jakiej bym sobie życzyła. Nigdy się nie nauczyłam owijać prawdy w drobne kłamstewka, więc zawsze miałam kłopoty. Pamiętam do dziś, że zdarzało mi się chodzić po domu na paluszkach, żeby uniknąć konfrontacji z ojcem, jestem też pewna, że on często był zmęczony mną i moją niewyparzoną buzią.

Jednak patrząc wstecz, uświadamiam sobie, że utarczki z tatą zahartowały mnie i uczyniły jeszcze silniejszą. Dzięki nim umiałam przechytrzyć tych, którzy mieli nade mną władzę. Prowadząc ze mną ciągłe wojny, ojciec nieświadomie przygotował mnie do tego, co miało nastąpić.

Matka była zupełnie inna niż ojciec. Jak na owe czasy była dobrze wykształcona, ponieważ nie wszystkie kobiety chodziły wówczas do szkoły. W środowisku religijnych Żydów od dziewcząt i kobiet oczekiwano, że będą przede wszystkim zajmować się domem i rodziną, natomiast edukacja, a w szczególności studia, była zarezerwowana dla chłopców. Matka dopilnowała, żebyśmy umiały czytać, pisać i liczyć, żebyśmy poznały historię i języki obce, ale też nauczyła nas troski o innych ludzi z naszej społeczności.

Byliśmy jedyną żydowską rodziną w Portz i utrzymywaliśmy z całą resztą mieszkańców przyjacielskie stosunki. Do matki docierały wszystkie nowiny, często też w potrzebie służyła wsparciem sąsiadkom, zwłaszcza młodym kobietom w ciąży. Zanosiła im kluski albo ciasto, pomagała w domu, kiedy zachorowały, udzielała rad w kwestii wychowania dzieci i czytała im polecenia albo listy od innych członków rodziny. Zachęcała mnie i moje siostry do pójścia w jej ślady, do wspierania tych, których los obdarzył mniej szczodrze, gdyż powodziło nam się lepiej niż wielu innym mieszkańcom naszego rolniczego regionu.

Jednak niemal od chwili kiedy przyszłyśmy na świat, w naszej części Rumunii szerzył się antysemityzm. Większość ludzi wokół nas nie lubiła Żydów tylko dlatego, że byli Żydami. My, dzieci, nie zdawałyśmy sobie sprawy z istnienia tego uprzedzenia aż do 1940 roku, kiedy przyszła węgierska armia.

Ojciec opowiadał nam o antysemickim incydencie, jaki mu się przydarzył w 1935 roku, kiedy byłyśmy z Miriam zaledwie rocznymi maluchami. W tamtym roku Żelazna Gwardia – skrajnie antysemicka organizacja polityczna mająca pod kontrolą lokalne urzędy, policję i prasę – podsycała nienawiść wobec Żydów, rozpowszechniając nieprawdziwe opowieści o tym, że Żydzi są źli, że chcą wszystkich oszukać, by zawładnąć światem. Mój ojciec i jego brat Aaron zostali przez Żelazną Gwardię wtrąceni do więzienia pod fałszywym zarzutem niepłacenia podatków. Oskarżenie było całkowicie niesłuszne, ponieważ obaj zawsze wywiązywali się z należnych płatności. Wytypowano ich i aresztowano wyłącznie dlatego, że byli Żydami.

Tata opowiadał nam, że kiedy wyszli z Aaronem z więzienia, postanowili jechać do Palestyny, żeby sprawdzić, czy mogliby tam zacząć nowe życie. Palestyna była skrawkiem ziemi na Bliskim Wschodzie, gdzie Żydzi mieszkali, zanim zostali stamtąd wygnani w czasach cesarstwa rzymskiego. Wielu Żydów, zwłaszcza w okresach prześladowań, uważało ten kraj za swoją ojczyznę. Na początku dwudziestego wieku z części Palestyny wydzielono obszar dla żydowskich imigrantów, który w 1948 roku stał się niepodległym państwem Izrael.

Ojciec i wuj Aaron zostali w Palestynie kilka miesięcy, po czym wrócili do Rumunii. Po powrocie wuj Aaron i jego żona sprzedali ziemię i cały swój dobytek i zamierzali wyemigrować albo się przeprowadzić gdzie indziej.

Tata namawiał mamę, żeby też zgodziła się wyjechać i osiedlić w Palestynie.

– Tam jest dobrze – zapewniał. – Jest ciepło i łatwo znaleźć pracę.

– Nie – upierała się mama. – Nie mogę się przeprowadzić z czwórką małych dzieci.

– Musimy wyjechać od razu, zanim zrobi się tu jeszcze gorzej – przekonywał ojciec, zmartwiony wiadomościami o fali prześladowań Żydów wzbierającej w całym kraju i Europie.

– Co ja tam będę robić? Jak sobie poradzimy? Nie mam ochoty mieszkać na pustyni – mówiła matka. I jak to się często zdarza matkom, tupnęła nogą, zdecydowanie odmawiając wyjazdu. Później często się zastanawiałam, jak by wyglądało nasze życie, gdyby wtedy ustąpiła.

W Rumunii mieszkaliśmy w ładnym domu na terenie rozległego gospodarstwa. Mieliśmy setki hektarów uprawnej ziemi – zboża, kukurydzy, fasoli i ziemniaków. Hodowaliśmy krowy i owce, z których mleka wyrabialiśmy sery. Duża winnica dostarczała owoców na wino. W sadach rosły jabłka, śliwki, brzoskwinie i soczyste czereśnie w trzech kolorach: czerwonym, czarnym i białym. W lecie te czereśnie zastępowały nam kolczyki, kiedy się bawiłyśmy w pięknie wystrojone damy. Mama kochała swój ogród kwiatowy przed domem i warzywnik od strony podwórza, a także krowy, kury i gęsi.

Najbardziej jednak martwiło ją, że musiałaby opuścić swoją matkę. My, dzieci, uwielbiałyśmy odwiedzać babcię i dziadka Hershów. Matka, jako jedynaczka, czuła się odpowiedzialna za opiekę nad babcią Hersh, która nie cieszyła się najlepszym zdrowiem i często wymagała pomocy od córki.

– Poza tym jesteśmy tu bezpieczni – argumentowała matka. Naprawdę wierzyła, że doniesienia o prześladowaniach Żydów przez Niemców i ich nowego przywódcę Adolfa Hitlera są tylko plotkami. Nie widziała potrzeby ucieczki do Palestyny czy Ameryki, miejsc bezpiecznych dla Żydów takich jak my. Dlatego zostaliśmy w Portz.

Portz, miejscowość zamieszkiwana przez mniej więcej sto rodzin, w większości prawosławnych, miała swojego księdza. Córka księdza, Luci, była naszą najlepszą przyjaciółką, obie z Miriam uwielbiałyśmy się z nią bawić. Latem wspinałyśmy się na drzewa w sadzie, czytałyśmy różne opowieści i wystawiałyśmy sztuki w teatrzyku zrobionym z prześcieradła rozwieszonego na sznurze między dwoma drzewami. W zimie pomagałyśmy nawet Luci ubierać choinkę… ale nie przyznawałyśmy się do tego naszemu ojcu, bo nie byłby zadowolony.

Choć z różnych stron zaczęły dochodzić pogłoski o Żydach deportowanych do obozów pracy, mama nie wierzyła, że grozi nam jakiekolwiek niebezpieczeństwo. Nawet kiedy usłyszeliśmy o nowo powstających gettach – wydzielonych obszarach w miastach Europy, do których przesiedlano Żydów, żeby ich trzymać pod kontrolą, w ubóstwie i nędznych warunkach – wciąż nie dawaliśmy wiary, że coś może nam zagrażać. Nawet gdy innych Żydów pozbawiano wszystkiego, co posiadali, odbierano im wolność, wysyłano do obozów pracy i zmuszano, by harowali bez zapłaty, jak niewolnicy, nie sądziliśmy, by nam mogło się to przytrafić. Nie przypuszczaliśmy, że tacy nieszczęśnicy zjawią się w naszej wiosce.

Jedno z moich najwcześniejszych wspomnień dotyczy mężczyzn z żydowskiego obozu pracy w Budapeszcie, którzy przechodzili przez naszą miejscowość. Węgierski rząd wziął ich z obozu, żeby pracowali przy torach; po zakończeniu robót zostali zabrani z powrotem do obozu. Podczas pracy przy torach nie mieli się gdzie podziać nocą, więc ojciec pozwolił im wszystkim spać w naszej stodole. Czasami odwiedzały ich żony i zatrzymywały się u nas w domu. W rewanżu za gościnę te kobiety przywoziły nam mnóstwo zabawek i, co ważniejsze, mnóstwo książek z miasta. My, dzieci, spędzałyśmy nad nimi długie godziny; zdarzało mi się pochłonąć całą książkę w jeden dzień. Dzięki nim już bardzo wcześnie pokochałam czytanie.

Jak dowiedziałam się później z lektury, Adolf Hitler doszedł w Niemczech do władzy w 1933 roku, jako przywódca partii nazistowskiej. Nienawidził Żydów równie mocno, jak Żelazna Gwardia, i liderzy obu tych antysemickich, rasistowskich partii zostali sprzymierzeńcami – połączeni nienawiścią zapragnęli rządzić całą Europą. A potem we wrześniu 1939 roku wybuchła druga wojna światowa, kiedy wojska nazistowskich Niemiec napadły na Polskę. Węgrzy pod przywództwem Miklosa Horthyego również zaufali Hitlerowi i połączyli z nim siły. Wszystko to działo się wokół nas, jednak na tyle daleko, że jedynie tata obawiał się o nasze bezpieczeństwo.

Latem 1940 roku, kiedy miałyśmy z Miriam po sześć lat, sytuacja uległa zmianie. Hitler oddał północną część Siedmiogrodu Węgrom. W tamtych czasach ludność z regionu, do którego należała nasza wioska, była pochodzenia w połowie węgierskiego, w połowie rumuńskiego. Jednak w naszej miejscowości wszyscy byli Rumunami. Rozeszły się pogłoski, że armia węgierska zamierza wybić Żydów i Rumunów, a potem spalić wieś. Nawet jako sześcioletnie dziecko wiedziałam, że grozi nam niebezpieczeństwo.

Miriam, spokojniejsza z nas dwóch, wyczuła, że się boję; musiała zauważyć niepokój na mojej twarzy albo wyczytać go z mojej postawy. Nie skarżyła się jednak, bo to nie leżało w jej naturze.

Pewnego dnia węgierscy żołnierze wkroczyli do naszej wsi. Oddziały prowadził dowódca jadący długim, błyszczącym samochodem. Scena robiła wrażenie, zresztą jak najbardziej zamierzone. My, wieśniacy, mieliśmy odebrać wiadomość: obecnie wojsko reprezentuje siłę i władzę, więc mamy je witać z otwartymi ramionami! Słyszeliśmy, jak żołnierze śpiewają: „Jesteśmy wojskiem Horthyego, nie ma na świecie piękniejszego”.

Tamtej nocy matka i ojciec pozwolili żołnierzom rozbić obóz na naszym podwórzu, a ich dowódca spał w pokoju gościnnym. Mama traktowała oficerów jak zaprzyjaźnione towarzystwo: upiekła swój popisowy tort i zaprosiła ich na rodzinny obiad. Pamiętam, że toczyła się ożywiona rozmowa o dobrym jedzeniu, a my z Miriam byłyśmy podekscytowane faktem, że siedzimy przy stole z tymi ważnymi ludźmi w mundurach. Wieczór upływał przyjemnie, goście chwalili potrawy i wypieki mamy. Przed udaniem się na spoczynek podziękowali jej za poczęstunek, całując ją przy tym w rękę, zwyczajem praktykowanym podówczas przez wielu Europejczyków. Opuścili nas wczesnym rankiem następnego dnia, a rodzice po ich wyjeździe sprawiali wrażenie podniesionych na duchu.

– Widzicie? – mówiła mama. – Nie ma prawdy w tych pogłoskach, jakoby zabijali Żydów. Są prawdziwymi dżentelmenami.

– Po co ludzie rozpowiadają takie rzeczy? – pytał tata, wcale nie oczekując odpowiedzi, a tym bardziej sprzeciwu ze strony matki czy kogoś innego z rodziny. – Masz rację. Naziści nigdy nie przyjadą do takiej małej wioski jak nasza – stwierdzał. Miałyśmy to przyjąć za fakt. Bo tak powiedział tata.

Jednak późno w nocy, za zamkniętymi drzwiami, rodzice słuchali radia na baterie. Posługując się jidysz, językiem, którego żadna z nas nie rozumiała, omawiali usłyszane wiadomości. O co chodziło, że wymagało zachowania aż takiej tajemnicy? Że próbowali to ukryć przed swoimi dziećmi?

Przycisnęłam ucho do drzwi i starałam się podsłuchać, o czym mówią w radiu.

– Kim jest Hitler? – spytałam, kiedy rodzice wyszli z pokoju.

Mama zbyła nasze pytania, zapewniając lekkim tonem:

– Nie musicie się niczym martwić. Wszystko będzie dobrze.

Jednak udało nam się podsłuchać kilka audycji, w których Hitler krzyczał o wybiciu wszystkich Żydów. Jakbyśmy byli robactwem! Czułyśmy, że coś jest nie tak, mimo uspokajających zapewnień rodziców. A przez ich tajemnicze zachowanie nawet Miriam zaczęła się bać. Już jako małe dzieci zawsze się niepokoiłyśmy, kiedy coś wisiało w powietrzu nienazwane, nieomówione.

Jesienią 1940 roku Miriam i ja rozpoczynałyśmy naukę w szkole. W odróżnieniu od dzisiejszych szkół podstawowych w naszej szkole dzieci z klas od pierwszej do czwartej uczyły się w jednym pomieszczeniu. Miriam i ja byłyśmy jedynymi Żydówkami. I jedynymi bliźniaczkami. Codziennie chodziłyśmy ubrane w jednakowe stroje i miałyśmy wstążki tego samego koloru zawiązane na końcach długich warkoczy. Podobnie jak wcześniej członkowie naszej rodziny, nowi koledzy z klasy lubili zgadywać, która z nas jest która.

Odkryłyśmy też, że mamy w szkole dwóch nowych nauczycieli, Węgrów, sprowadzonych z miasta przez nazistów. Ku mojemu zdziwieniu przywieźli ze sobą książki zawierające obelgi pod adresem Żydów. Były tam również karykatury przedstawiające Żydów jako klaunów, z wielkimi nosami i brzuchami. Co najciekawsze, po raz pierwszy w życiu zobaczyłyśmy „skaczące obrazy" wyświetlane na ścianie – tak nazwałyśmy film, zjawisko, z którym nigdy wcześniej się nie spotkałyśmy. Pamiętam dokładnie, jak oglądałyśmy projekcję krótkiego filmu pod tytułem *Jak złapać i zabić Żyda*. Te propagandowe produkcje, coś jak obecne reklamy, tyle że przesycone nienawiścią, pokazywano przed filmami fabularnymi w miejskich kinach. Wyobraźcie sobie, że oglądacie instrukcję, jak zabijać Żydów, przed jakimś hollywoodzkim przebojem!

Oglądanie pełnych nienawiści filmów i czytanie rasistowskich książek wywarło wpływ na innych uczniów. Nasi przyjaciele, a raczej dzieci, które dotąd uważałyśmy za przyjaciół, zaczęły wyzywać Miriam i mnie od „brudnych, śmierdzących Żydówek". Te przezwiska bardzo mnie rozzłościły. Kim oni byli, żeby nazywać nas brudnymi? Wiedziałam, że jestem czysta, jeśli nie czystsza od każdego z nich! Dzieci zaczęły na nas pluć i bić nas przy każdej okazji. Pewnego dnia znalazłyśmy w książce do matematyki zadanie, które brzmiało: „Jeśli masz pięciu Żydów i zabijesz trzech, to ilu zostanie?".

Zdenerwowane i przestraszone, z płaczem uciekłyśmy z Miriam do domu. Ubrania miałyśmy brudne, bo znów nas popychano i przewracano na ziemię, na zakurzonych buziach mokre ślady od łez.

– Dzieci, tak mi przykro – powiedziała mama, przytulając nas i całując – ale nic nie możemy na to poradzić. Nie martwcie się! Po prostu bądźcie grzeczne. Odmawiajcie modlitwy, wypełniajcie swoje obowiązki w gospodarstwie i czytajcie książki.

Któregoś dnia w szkole w 1941 roku kilku chłopców zrobiło kawał nauczycielce, kiedy była odwrócona do tablicy. Położyli jej na krześle ptasie jaja. Cała klasa wiedziała, że tam leżą, ale nikt się nie odezwał ani słowem. Wszyscy wstrzymaliśmy oddech, kiedy nauczycielka usiadła. Rzecz jasna, gdy dotknęła siedzeniem krzesła, jajka popękały, plamiąc jej nową sukienkę.

– Te brudne Żydówki to zrobiły! – oświadczył jeden z chłopców z klasy niemal obojętnym tonem.

– Zrobiłyście to? – spytała nauczycielka, patrząc na Miriam i na mnie.

– Nie, proszę pani, nie! – Byłyśmy przerażone. Nigdy się nie zachowywałyśmy w taki sposób, nie robiłyśmy żartów nauczycielom. Czekałyby nas niekończące się wymówki od rodziców, gdybyśmy się odważyły na tego rodzaju występek! Poza tym uwielbiałyśmy szkołę i bardzo lubiłyśmy się uczyć.

I wtedy to się stało.

– Tak, to one! – zawołały inne dzieci. – One to zrobiły! Widzieliśmy! – Wyglądało na to, że umówiły się zawczasu za naszymi plecami.

Usiłowałyśmy protestować, ale nie dało to żadnego skutku. Byłyśmy Żydówkami, więc byłyśmy winne.

Nie zadając więcej pytań, nauczycielka wezwała nas na środek klasy, żeby nam wymierzyć karę. Wysypała na podłogę suche ziarna kukurydzy.

– Klękajcie! – zażądała. Przez godzinę musiałyśmy klęczeć na kukurydzy przed całą klasą. Twarde ziarna wbijały nam się boleśnie w gołe kolana. Ale nie ten ból okazał się najgorszy. Najbardziej raniło nas zachowanie innych dzieci, które drwiły z nas, robiąc brzydkie, pogardliwe miny. Obie z Miriam byłyśmy wstrząśnięte i zdruzgotane.

Kiedy po powrocie do domu opowiedziałyśmy o wszystkim mamie, przytuliła nas i powiedziała z płaczem:

– Dzieci, tak mi przykro. Jesteśmy Żydami i musimy to znosić. Nie możemy nic zrobić. – Jej słowa rozzłościły mnie bardziej niż kara wymierzona przez nauczycielkę. Miałam ochotę sama kogoś uderzyć, walić z całych sił w coś twardego, jak te ziarna kukurydzy, rozbić je na kukurydziany proch. Czy możliwe, by było tak, jak mówiła mama?

Kiedy pod koniec dnia tato wrócił z pracy w gospodarstwie i usłyszał, co się stało, zachował się podobnie jak mama.

– Przez dwa tysiące lat Żydzi wierzyli, że jeśli postarają się dostosować, to przetrwają – powiedział. – Musimy być wierni tradycji. I starać się przystosować. – Tata dowodził, że ponieważ mieszkamy tak daleko, nazistom nie będzie się chciało po nas fatygować.

Popołudnia i wieczory przestały być spokojne. Nastoletni chłopcy, którzy należeli do węgierskiej partii nazistowskiej, ale nie mieli jeszcze ukończonych osiemnastu lat – od tego wieku mogli zaczynać służbę wojskową – często otaczali nasz dom i godzinami wykrzykiwali pod naszym adresem różne plugastwa.

– Brudni Żydzi! – wrzeszczeli. – Głupie świnie! – Rzucali pomidorami albo kamieniami, które wpadały przez rozbite szyby. Inni mieszkańcy wsi się do nich przyłączali. Czasami trwało to trzy dni, podczas których nie mogliśmy opuszczać domu.

– Tato, proszę cię, wyjdź i każ im przestać! – wołałam. Chciałam, żeby coś zrobił! Cokolwiek!

– Evo, nic nie możemy zrobić. Dlatego naucz się to znosić.

Wówczas nie mogłam tego wiedzieć, ale mama i tata z pewnością czuli, że jeśli będą próbowali powstrzymać tych młodocianych łobuzów, to zostaną aresztowani i tym samym rozdzieleni z nami. A tak przynajmniej byliśmy razem całą rodziną.

Przestraszone, tuliłyśmy się z Miriam do siebie w łóżku. Nasze siostry trzymały się z dala od okien. Wiedziałam, że też się boją. Sytuacja stawała się coraz gorsza. W czerwcu 1941 roku Węgry przystąpiły do wojny jako sojusznik, czy może raczej partner Niemiec, z ich nienawidzącym Żydów przywódcą Adolfem Hitlerem. Żydzi w innych krajach Europy zostali zmuszeni do noszenia żółtej gwiazdy Dawida, naszytej na ubraniu, żeby każdy mógł od razu rozpoznać, że są Żydami. My nie musieliśmy nosić żółtej gwiazdy, ale i tak wszyscy wiedzieli, że jesteśmy Żydami. Czuliśmy się w naszej wiosce coraz bardziej izolowani.

W przeciwieństwie do innych żydowskich dzieci w Europie Miriam i ja nadal mogłyśmy uczęszczać do szkoły z nieżydowskimi uczniami, chociaż było nam coraz trudniej ze względu na nieustające zaczepki i dokuczanie. Nasze starsze siostry, Edit i Aliz, miały szczęście, ponieważ niemieckiego, sztuki, muzyki, rysunków, matematyki i historii – przedmiotów wymaganych w gimnazjum – uczyła ich żydowska nauczycielka, która mieszkała w naszym domu.

Kiedy jesień stopniowo przeszła we wczesną zimę, dni stały się krótsze, a w naszym życiu pojawiły się kolejne ograniczenia. Nie miałyśmy odwagi bawić się na zewnątrz ani chodzić do wioski tak często jak kiedyś. Rodzice nigdy nie dali po sobie poznać, co czują, ale we mnie i w Miriam było coraz więcej lęku.

A potem którejś nocy pod koniec września 1943 roku mama z tatą nagle nas obudzili.

– Eva! Miriam! – mówili nerwowym szeptem. – Ubierajcie się! Załóżcie ciepłe ubrania, ile tylko zdołacie, na to płaszcze i wysokie buty. Nie zapalajcie świecy! Musi być ciemno. I bądźcie bardzo, bardzo cicho.

– Co... co my robimy? – odezwałam się sennie.

– Rób, co ci kazano! – mruknął w odpowiedzi tata.

Założyłyśmy po kilka warstw ciepłej bielizny pod sukienki i poszłyśmy do kuchni. W świetle żaru bijącego od paleniska ujrzałyśmy nasze starsze siostry. One też były grubo okutane ubraniami, a ich twarze wyglądały w cieniu jak wyciosane z kamienia.

Tato zebrał nas wszystkie cztery razem i rzekł szeptem:

– Dzieci, nadszedł czas, że musimy wyjechać. Spróbujemy się przedostać przez granicę do drugiej części Rumunii, w której nie rządzą Węgrzy, gdzie będziemy bezpieczni. Chodźcie za nami i pamiętajcie, żadnych hałasów.

Gęsiego, z tatą na czele i mamą zamykającą tyły, wymknęliśmy się z domu w ciemność. Na zewnątrz było zimno i wietrznie. Ale ja miałam w głowie tylko jedną myśl: znaleźliśmy się w kłopotach, wielkich kłopotach. I uciekamy.

W ciszy, jedno za drugim, skierowaliśmy się do tylnej bramy, znajdującej się na skraju sadu. Tuż za bramą biegły tory kolejowe. W nocy nie jeździły nimi żadne pociągi. Wokół panowała cisza, przerywana jedynie cykaniem świerszczy i od czasu do czasu krzykiem nocnego ptaka. Wiedzieliśmy, że jeśli pójdziemy wzdłuż torów, to za mniej więcej godzinę znajdziemy się w bezpiecznej części Rumunii. Po dotarciu do bramy na końcu posesji tata nachylił się, żeby otworzyć zasuwkę.

– Stać! – rozległ się krzyk. – Jeszcze krok i będę strzelać!

Młody węgierski nazista celował do nas z pistoletu. Grupa nastolatków w opaskach ze swastyką i w czapkach koloru khaki pilnowała naszego gospodarstwa; obstawili tylne wyjście, żebyśmy się nie wymknęli. Nikt z nas nie wiedział, od jak dawna tam czekali.

Byliśmy zwykłą, sześcioosobową żydowską rodziną. Dlaczego uważali nas za aż tak ważnych? Ściskałam dłoń Miriam, nie mając odwagi podnieść wzroku, zerkałam tylko ukradkiem na boki. Tata zamknął bramę i chłopcy odprowadzili nas z powrotem do domu.

Nasza jedyna szansa ucieczki właśnie przepadła.

Rozdział drugi

Ostatniego dnia stycznia 1944 roku Miriam i ja miałyśmy skończyć dziesięć lat. Mama zawsze piekła tort, urządzała przyjęcie i cała rodzina świetnie się bawiła. Jednak dziesiątych urodzin nie było nam dane świętować. Mama była zbyt chora. W październiku, zaraz po tym, jak młodociani naziści przeszkodzili nam w ucieczce, zapadła na dur brzuszny i przeleżała w łóżku całą zimę. W tamtych czasach nie istniały łatwo dostępne środki uśmierzające ból i gorączkę, jakie dziś można nabyć w każdej aptece. Martwiliśmy się o nią i o to, czy wyzdrowieje. Nasza matka dotąd zawsze była taka silna i zdrowa.

Zamieszkała z nami kobieta z sąsiedniej wsi, również Żydówka, żeby się opiekować matką i prowadzić dom. Edit, Aliz, Miriam i ja pomagałyśmy, wykonując więcej prac w gospodarstwie, niż dotychczas należało do naszych obowiązków. Naziści i władze węgierskie obserwowali nas, ale nigdy nie narzucili nam aresztu domowego ani nie zabronili opuszczać wsi. Wyglądało, że na razie jesteśmy bezpieczni.

Miriam i ja uczęszczałyśmy nawet do szkoły, poza nielicznymi dniami, kiedy naziści nie pozwolili nam tam pójść. W takie dni pobierałyśmy nauki w domu, tak jak nasze starsze siostry.

Nasza względna wolność skończyła się gwałtownie pewnego marcowego ranka tamtego roku, kiedy skończyłyśmy dziesięć lat. Dwaj węgierscy żandarmi pojawili się na podwórku przed naszym domem i zaczęli się dobijać do drzwi.

– Zbierajcie swój dobytek! Pakujcie się. Zostaniecie odstawieni do ośrodka przejściowego. – To nie była prośba, tylko rozkaz. – Macie dwie godziny na spakowanie.

Mama ledwie miała siłę wstać z łóżka. Tata ze starszymi siostrami gromadzili jedzenie, pościel, ubrania, wszystko, co wydało im się potrzebne. Ja i Miriam miałyśmy na sobie identyczne sukienki i zabrałyśmy po dwa inne komplety jednakowych strojów.

Kiedy żandarmi wyprowadzili nas z domu, wszyscy mieszkańcy Portz przyglądali się, jak wychodzimy na jedyną drogę, jaka prowadziła przez wieś. Sąsiedzi opuszczali swoje podwórka i stawali na poboczach. Nasi koledzy ze szkoły tylko się gapili. Nikt nie próbował powstrzymać żandarmów, żeby nas nie zabierali. Nikt nie powiedział ani słowa.

Nie byłam zaskoczona. Odkąd rozeszła się wiadomość, że próbowaliśmy uciec w środku nocy, nasza sytuacja znacznie się pogorszyła. Akty wrogości ze strony mieszkańców i ich dzieci stawały się coraz gwałtowniejsze i zdarzały się coraz częściej.

Nawet Luci, najlepsza przyjaciółka Miriam i moja, stała przy drodze bez słowa, nie patrzyła nam w oczy, kiedy mijałyśmy jej dom. Nie powiedziała, że jej przykro, ani nie dała nam niczego na drogę, żebyśmy o niej pamiętały. Przechodząc obok, spojrzałam na nią – wtedy szybko odwróciła wzrok. W milczeniu opuszczałyśmy miejsce, które dotąd było naszym domem.

Zapakowano nas na konny, kryty wóz i zabrano do miasta Şimleu Silvaniei; jechaliśmy tam około pięciu godzin. Już na miejscu musieliśmy zamieszkać w getcie z ponad siedmioma tysiącami innych Żydów z naszej rumuńskiej części Siedmiogrodu. Miriam i ja nigdy nie widziałyśmy tylu osób. Dla nas już setka – liczba mieszkańców naszej wioski – stanowiła tłum. Siedem tysięcy ludzi – do tego sami Żydzi! – to było więcej, niż widziałyśmy przez całe nasze życie.

Później się dowiedziałyśmy, że Reinhard Heydrich, szef Głównego Urzędu Bezpieczeństwa Rzeszy, wydał oficjalny rozkaz: wszyscy Żydzi z terenów okupowanych przez Niemców mieli być przesiedleni do specjalnie dla nich wydzielonych miejsc; te miejsca nazywały się gettami. Nigdy wcześniej o nich nie słyszałyśmy. Getta były otoczone płotami, murami lub drutem kolczastym i umiejscowione w najbardziej zaniedbanych częściach miast lub w najbiedniejszych regionach wiejskich. Żydom zakazano je opuszczać bez specjalnego pozwolenia, pod karą śmierci.

Nasze getto mieściło się na polu otoczonym płotem z drutu kolczastego. Ogrodzenie wyglądało na wybudowane naprędce. Przez środek pola przepływała rzeka Berettyo. Jedyne zabudowania stanowiła opuszczona ceglana fabryka, którą komendant, czy raczej główny oficer bezpieczeństwa, zajmował jako swoją kwaterę. Nie było żadnych namiotów, chat ani innych budynków, w których Żydzi mogliby się schronić czy spać. Komendant oznajmił nam, że wkrótce zostaniemy zabrani do obozów pracy na Węgrzech i pozostaniemy tam do końca wojny.

– Nie stanie wam się żadna krzywda – obiecał.

Pomagałyśmy z Miriam tacie i starszym siostrom zbudować na wilgotnej ziemi namiot z prześcieradeł i koców, które ze sobą przywieźliśmy. Trudziłyśmy się, sapiąc z wysiłku, podczas gdy komendant przechadzał się tam i z powrotem z rękami wspartymi na biodrach.

– Jak miło, doczekałem się widoku dzieci Izraela mieszkających w namiotach, jak za czasów Mojżesza! – Wybuchnął gromkim śmiechem, jakby sobie opowiedział najśmieszniejszy dowcip na świecie.

Cała nasza rodzina zamieszkała w jednym namiocie. Zawsze kiedy niebo ciemniało i zaczynał padać deszcz, komendant ryczał przez megafon:

– Składać namioty! Chcę, żeby zostały wybudowane po drugiej stronie rzeki! – Nie miał żadnego powodu, by tego od nas żądać, poza zwykłym okrucieństwem. Nim udało nam się złożyć konstrukcję z koców, przejść przez most i od nowa postawić namiot w błocie, byliśmy przemoknięci do nitki.

Mamie nadal brakowało sił po chorobie, a mieszkanie w tak prymitywnych warunkach, na deszczu i chłodzie, jeszcze pogarszało sprawę. Nocami spałyśmy z Miriam mocno przytulone, dając sobie nawzajem ciepło i otuchę.

Podczas naszego pobytu w getcie głowa każdej rodziny była wzywana do kwatery komendanta na przesłuchanie.

Któregoś dnia niemieccy strażnicy przyszli po tatę i zabrali go ze sobą, żeby go przepytać. Sądzili, że moi rodzice ukrywają złoto i srebro albo schowali jakieś cenne przedmioty w gospodarstwie, i chcieli wiedzieć, gdzie dokładnie znajdują się te rzeczy. Jednakże tata był rolnikiem, jego jedynym bogactwem była ziemia i jej plony. Powiedział strażnikom, że nie ma srebra, poza naszymi szabasowymi świecznikami. Jakieś cztery lub pięć godzin później przynieśli go z powrotem do naszego namiotu na noszach. Miał na ciele liczne ślady po uderzeniach batem, krwawił. Przypalali mu paznokcie u rąk i stóp płomieniem świecy. Potrzebował wielu dni, by po tym dojść do siebie.

Czułyśmy się z Miriam bezradne. Byłyśmy jeszcze dziećmi i oczekiwałyśmy od rodziców, że będą się nami opiekować. Jednak w tamtej sytuacji rodzice nie byli w stanie w żaden sposób polepszyć naszego losu. A my nie mogłyśmy zrobić nic dla taty.

Nasza starsza siostra Edit zajęła się gotowaniem. Przy wyjeździe polecono nam wziąć zapas żywności na dwa tygodnie, ale mama kazała nam, dziewczynkom, zabrać wszystkiego tyle, ile tylko zdołamy unieść – fasoli, chleba i makaronu. Z upływem tygodni zaczęłyśmy wydzielać sobie jedzenie, jadłyśmy fasolę raz dziennie. Czasami jacyś ludzie, nie-Żydzi, podchodzili pod getto i wrzucali przez ogrodzenie żywność i inne rzeczy, ale nie pamiętam, czy coś z tego nam się trafiło.

W końcu do mamy dotarło, jak fatalnie przedstawia się sytuacja naszej rodziny. Obie z Miriam narzekałyśmy na spanie na mokrej ziemi i nieustający, dokuczliwy ból brzucha, ale tym razem mama nie mogła nam pomóc. Siedziała na ziemi i cały czas kiwała głową.

– To wszystko moja wina – powtarzała. – Powinniśmy byli wyjechać do Palestyny. – W jej oczach, zapadniętych po chorobie i podkrążonych z braku snu, odbijało się cierpienie; prześladowała ją świadomość podjęcia błędnej decyzji – odmowy ucieczki do Palestyny z wujem Aaronem, kiedy była jeszcze na to pora. Teraz, uwięziona w nędznych warunkach getta, przygnębiona, coraz bardziej zamykała się w sobie.

Pewnego majowego ranka w 1944 roku niemieccy strażnicy powiedzieli nam, że wyjeżdżamy do obozu pracy, który według nich znajdował się na Węgrzech.

– To dla waszego dobra. Pracując, przeżyjecie – mówili. – Będziecie razem, całymi rodzinami. – Słyszałyśmy plotki krążące między dorosłymi w getcie, że Żydzi wysyłani do Niemiec są zabijani. Sądziłyśmy, że skoro mamy trafić na Węgry, to nic nam się nie stanie, będziemy bezpieczni.

Strażnicy kazali nam zostawić dobytek w getcie, ponieważ wszystkie potrzebne rzeczy miały być tam na miejscu, w obozie pracy. Mimo to mama i starsze siostry zabrały kilka cennych przedmiotów z naszego namiotu. Tata wziął modlitewnik. Miriam i ja założyłyśmy jednakowe bordowe sukienki.

Strażnicy zaprowadzili nas na stację i zapakowali do bydlęcych wagonów, upychając tak, że w jednym mieściło się od osiemdziesięciu do stu osób. Tatę obarczyli odpowiedzialnością za nasz wagon, powiedzieli mu, że jeśli ktoś ucieknie, to on zostanie zastrzelony. Drzwi zostały zasunięte i zablokowane metalową sztabą umieszczoną w dwóch uchwytach.

Cztery małe okienka, po dwa z każdej strony, zabezpieczał drut kolczasty. Jak ktoś mógłby uciec?

Przylgnęłyśmy do siebie z Miriam. Nie było miejsca, żeby usiąść albo się położyć, nawet dla takich małych dzieci jak my. Choć byłam jeszcze bardzo młoda, wyczuwałam, że dzieje się coś strasznego. Już sam widok rodziców zupełnie bezradnych, rodziców, w których zawsze widziałam opiekunów, a którzy teraz nie byli w stanie chronić naszej rodziny, poważnie zachwiał moim poczuciem bezpieczeństwa.

Całymi dniami pociąg toczył się po szynach; niekończący się stukot kół przerywał jedynie od czasu do czasu gwizd lokomotywy. Nie dość, że nie mogliśmy siedzieć ani leżeć, to jeszcze nie mieliśmy jedzenia ani wody, nie mówiąc już o braku toalety. Pamiętam, że bardzo chciało mi się pić, usta miałam suche i spierzchnięte.

Kiedy pierwszego dnia pociąg się zatrzymał dla uzupełnienia paliwa, tata poprosił strażnika o wodę. Strażnik w zamian zażądał pięciu złotych zegarków. Dorośli zebrali zegarki i mu je dali. Na to strażnik chlusnął wiadrem wody w zadrutowane okienko. Woda wlała się do środka zupełnie bezużyteczna. Nie pamiętam, żeby komukolwiek udało się jej napić. Może trafiła i do mnie jakaś kropla, ale w żaden sposób nie zaspokoiła pragnienia. Drugiego dnia pociąg znowu się zatrzymał i scena z wodą się powtórzyła.

Pod koniec trzeciego dnia bydlęcy wagon stanął i tata, który mówił po węgiersku, znów poprosił o wodę. Ktoś odpowiedział po niemiecku.

– *Was? Was?* Co? Co? – nie zrozumiał taty.

Wtedy do nas dotarło, że nie jesteśmy już na Węgrzech. Wjechaliśmy przez granicę do Polski, którą obecnie okupowali Niemcy.

Ogarnęło nas przerażenie. Aż do tego momentu istniała nadzieja. Wszyscy, łącznie ze mną, rozumieli, że dopóki przebywamy na Węgrzech, istnieje szansa, że trafimy do obozu pracy. Nikt już nie miał wątpliwości, że Niemcy oznaczają dla Żydów śmierć. Wielu ludzi zaczęło się modlić. Bydlęcy wagon wypełnił tłumiony szloch dorosłych i nasilający się rozpaczliwy płacz dzieci. Tu i tam pośród tłumu ktoś próbował intonować *Szemę,* hebrajską modlitwę do Boga o wysłuchanie i ratunek.

Pociąg znów ruszył. Uspokajałyśmy się z Miriam, w miarę jak nabierał prędkości, jadąc coraz szybciej i szybciej. Od trzech dni nie dostałyśmy jedzenia ani wody.

Czwartego dnia pociąg stanął. Tata znów zawołał do strażnika, prosząc o wodę. Nikt mu nie odpowiedział.

Zdaliśmy sobie sprawę, że musieliśmy dotrzeć do celu podróży. Stanęłam na palcach, żeby wyjrzeć przez okno. Niebo było ciemne. Słyszeliśmy mnóstwo głosów, które wykrzykiwały rozkazy po niemiecku. Trwało to może godzinę, może dwie; drzwi wagonu pozostawały zamknięte.

Wreszcie nastał świt, czas na odmówienie przez tatę porannej modlitwy. Wyjął więc modlitewnik i próbował się zorientować, z której strony jest wschód, ponieważ Żydzi podczas modlitwy zwracają się w stronę Jerozolimy. Dziwiło mnie, że w ogóle może się modlić w tych warunkach.

– Tato – odezwałam się do niego. – Nie wiemy, gdzie jesteśmy. Okłamali nas. Nie jesteśmy w obozie pracy.

– Evo, musimy prosić Boga o zmiłowanie – odrzekł tata. – Chodź do mnie. – Przeciągnął naszą rodzinę w kąt wagonu. Przytuliłyśmy się do niego mocno obie z Miriam, starsze siostry i mama zrobiły to samo. W milczeniu słuchałyśmy, co ojciec do nas mówi. – Obiecajcie mi, że jeśli któraś z was przeżyje tę straszną wojnę, pojedzie do Palestyny, gdzie mieszka wuj Aaron i gdzie Żydzi mogą żyć w spokoju.

Nigdy wcześniej nie mówił do nas, swoich córek, w taki sposób, z szacunkiem, jakbyśmy były dorosłe. Wszystkie przytaknęłyśmy z powagą.

Tata rozpoczął poranną modlitwę.

Na zewnątrz wciąż było słychać niemieckie okrzyki. Z każdej strony dobiegało ujadanie psów. Drzwi wagonu zostały otwarte. Mężczyźni w mundurach SS kazali wszystkim wysiadać.

– *Schnell! Schnell!* Szybko! Szybko!

Zobaczyłam wysokie ogrodzenie z drutu kolczastego i gęsto rozmieszczone wieżyczki strażników. Ustawieni na nich żołnierze celowali do nas z karabinów. Nie mam pojęcia, jak wydostałyśmy się z wagonu, może wyskoczyłyśmy, a może zeszłyśmy po drewnianej pochylni. Zaraz potem stałyśmy na rampie oszołomione ze strachu, dwie dziesięciolatki w identycznych bordowych sukienkach.

Rozdział trzeci

Mama chwyciła Miriam i mnie za ręce. Stałyśmy w rzędzie obok siebie. Uderzył mnie dziwny zapach, jakiego nigdy wcześniej nie czułam. Przypominał swąd palonych kurzych piór. W domu po oskubaniu kurczaka opalaliśmy go z resztek pierza nad płomieniem, żeby została czysta skóra. Ten smród był jednak wielokrotnie mocniejszy. Miało się wrażenie, że wciska się w nozdrza, napływa z każdej strony. Był wszędzie i nie dało się przed nim uciec. Nie od razu się dowiedziałam, skąd się bierze ten zapach.

Na peronie panował zamęt i hałas. Ludzie krzyczeli.

Wrzaski.

Zamieszanie.

Rozpacz.

Szczekanie psów.

Rozkazy.

Płacz, płacz, płacz. Płacz dzieci za rodzicami. Płacz rodziców za dziećmi. Płacz zdezorientowanych, oszołomionych ludzi. Płacz ludzi, którzy uświadomili sobie z całą jasnością, że ich najgorsze przeczucia się spełniły. Płacz wyrażający ostateczny, niewyobrażalny ból utraty, żal i cierpienie.

Miałam wrażenie, że patrzę, jak to wszystko przydarza się komuś innemu. Tu i tam widziałam płoty z kolczastego drutu, lampy o ostrym świetle i rzędy budynków. Strażnicy w mundurach SS przechadzali się między grupkami ludzi, jakby czegoś szukali.

Nagle poczułam się, jakbym powróciła do swojego ciała. Rozejrzałam się, poczułam bliskość roztrzęsionej Miriam. Ale gdzie był tata? I gdzie się podziały moje starsze siostry, Edit i Aliz? Rozpaczliwie szukałam ich wzrokiem, kurczowo ściskając jedną ręką dłoń mamy, drugą siostry bliźniaczki. Nie mogłam wypatrzyć reszty mojej rodziny. Po czterech dniach jazdy w zatłoczonym wagonie, gdzie niemal cały czas stykaliśmy się ze sobą, ku swemu zaskoczeniu straciłam ich z oczu.

Nigdy więcej ich nie zobaczyłam.

Ściskałam rękę mamy z całych sił. Podbiegł do nas jeden z esesmanów.

– *Zwillinge! Zwillinge!* – zawołał po niemiecku. – Bliźniaczki! Bliźniaczki! – Minął nas, zatrzymał się jak wryty, po czym zawrócił na pięcie i znów do nas podszedł. Stanął przed nami i spoglądał to na Miriam, to na mnie, mierząc nas od stóp do głów, obejmując wzrokiem jednakowe bordowe sukienki.

– Są bliźniaczkami? – zwrócił się do mamy.

– To dobrze? – spytała z wahaniem.

– Tak – odpowiedział.

– Są bliźniaczkami – potwierdziła mama.

Nie mówiąc ani słowa więcej chwycił nas, Miriam i mnie, i oderwał od matki. Wlókł nas, płaczące i krzyczące wniebogłosy; błagałyśmy, żeby nam pozwolił zostać z mamą, ale nie zwracał uwagi na naszą rozpacz. Przeciągnął nas przez tory, poza teren, gdzie dokonywano selekcji. Odwróciwszy głowę, zobaczyłam matkę. Zawodziła rozpaczliwie, wyciągając ku nam ramiona. Jeden z żołnierzy złapał ją, pchnął w przeciwną stronę i znikła mi z oczu w tłumie.

Potem wszystko działo się szybko, tak szybko. Strażnicy rozdzielali ludzi na rampie, formując z nich grupy. W jednej byli młodzi mężczyźni i kobiety. W innej dzieci i starcy. Trzymałyśmy się z Miriam mocno za ręce, kiedy dołączono nas do grupy składającej się z trzynastu par bliźniąt, które przybyły naszym transportem: dwadzieściorga sześciorga dzieci, przestraszonych i oszołomionych.

Strażnik podprowadził do nas matkę z dwiema dziewczynkami. Rozpoznałam ją! To była pani Csengeri, żona sklepikarza z Şimleu Silvaniei, miasta niedaleko naszej wsi. Jej córki bliźniaczki miały osiem lat; kiedy robiliśmy zakupy w ich sklepie, mama lubiła z nią rozmawiać o problemach z wychowaniem bliźniąt. Wszystkie trzy zostały z naszą grupą. Dlaczego strażnicy pozwolili ich matce pozostać przy swoich dzieciach, a naszej nie? Nie miałam czasu zbyt długo zastanawiać się nad odpowiedzią na to pytanie, bo wydarzenia toczyły się dalej.

Po upływie pół godziny jeden z esesmanów zaprowadził nas do dużego budynku przy płocie z kolczastego drutu. Zaraz po wejściu do środka kazano nam się rozebrać. Znów poczułam odrętwienie takie jak wcześniej, jakby moje ciało nie należało do mnie. To tylko zły sen, czyż nie? Skończy się, gdy tylko otworzę oczy, zobaczę wtedy mamę, która mnie utuli... Ale ja wcale nie śniłam.

Wszystkim nam obcięto włosy na krótko. Fryzjer wyjaśnił, że bliźnięta są traktowane w uprzywilejowany sposób, bo nie ogolono nas tuż przy skórze. Na szczęście nauczyłam się trochę niemieckiego, więc rozumiałam z grubsza, co do nas mówiono. Ale kiedy nasze długie warkocze obcięte spadały na podłogę, bynajmniej nie czułam się uprzywilejowana.

Potem braliśmy prysznic. Nasze ubrania zostały okadzone jakimś środkiem chemicznym na wszy, po czym nam je zwrócono. Noszenie własnych ubrań było kolejnym „przywilejem", którego my, bliźnięta, dostępowaliśmy w przeciwieństwie do reszty więźniów. Założyłyśmy z Miriam nasze bordowe sukienki, tylko że teraz każda miała na plecach wymalowany czerwony krzyż. Natychmiast znienawidziłam ten znak. Wiedziałam, że podobnie jak Żydów w getcie żółtą gwiazdą, naziści naznaczyli nas tym czerwonym krzyżem, żebyśmy nie mogły uciec.

Postanowiłam, że nie będę wykonywać żadnych poleceń strażników. Zamierzałam im sprawić tyle kłopotów, ile tylko się da. W baraku nazywanym sauną robiono więźniom tatuaż na przedramieniu. Patrzyliśmy, jak podchodzą jeden za drugim, pada rozkaz, by wyciągnęli rękę, która następnie jest przytrzymywana w miejscu, podczas gdy urządzenie do tatuażu boleśnie nakłuwa skórę, wypisując numer.

Nie zamierzałam na to pozwolić. Uznałam, że dość już owczej bezwolności. Kiedy przyszła moja kolej, zaczęłam się wyrywać i kopać. Strażnik chwycił mnie za ramię; jego brutalny uścisk sprawił, że opuściła mnie odwaga.

– Chcę do mamy! – krzyknęłam.

– Stój spokojnie! – rozkazał strażnik.

Ugryzłam go w rękę.

– Oddajcie mi mamę!

– Jutro pozwolimy ci ją zobaczyć.

Wiedziałam, że mnie okłamuje. Dopiero nas rozdzielili, więc dlaczego następnego dnia mieliby nas znów połączyć? Aż cztery osoby musiały mnie trzymać, kiedy człowiek wykonujący tatuaż rozgrzewał podobne do pióra urządzenie nad płomieniem, a potem maczał je w atramencie. Następnie przyłożyli rozgrzaną końcówkę do mojego ciała i zaczęli wypalać numer na zewnętrznej stronie lewego przedramienia: A-7063.

– Przestańcie! – krzyczałam. – To boli!

Szarpałam się i wyrywałam tak zaciekle, że nie mogli mnie całkowicie unieruchomić, dlatego cyfry były niewyraźne.

Jako następną wytatuowali Miriam. Moja bliźniacza siostra nie stawiała oporu; otrzymała numer A-7064, wypisany równo i wyraźnie.

Z bolącymi, opuchniętymi rękami zostałyśmy przeprowadzone przez obóz do baraków, w których miałyśmy zamieszkać. Po drodze widziałam grupy chudych jak szkielety ludzi pilnowanych przez esesmanów z psami. To byli więźniowie wracający z pracy. Cóż to była za praca, że tak od niej wychudli? Może chorowali? Albo nie dostawali jedzenia? Wszystko wokół cuchnęło tym okropnym, dławiącym zapachem palonego pierza, wszystko było ciemne, zszarzałe i pozbawione życia. Przerażające. Nie pamiętam, żebym widziała gdzieś trawę, drzewa czy kwiaty.

W końcu dotarliśmy do baraku w obozie II B, zwanego także Auschwitz II. Budynek stał w części Birkenau przeznaczonej dla kobiet i był stajnią przewidzianą pierwotnie dla koni. W środku panował brud i śmierdziało jeszcze gorzej niż na dworze. Okna znajdowały się tylko w górze, nad naszymi głowami, w dolnej części ścian nie było żadnych otworów wpuszczających światło i powietrze, więc wewnątrz utrzymywał się nieznośny zaduch. Wzdłuż baraku, przez środek, biegła ceglana konstrukcja w kształcie podwójnej ławy, a na jej końcu stała latryna z trzema otworami – kolejny przywilej dla bliźniąt: nie musiałyśmy wychodzić za potrzebą do wielkiej ogólnodostępnej latryny. Było nas tam kilkaset par bliźniąt w wieku od dwóch do szesnastu lat. Widziałyśmy córki pani Csengeri, ale wtedy z nimi nie rozmawiałyśmy.

Pierwszego wieczoru węgierskie bliźniaczki, które przebywały tam już od jakiegoś czasu, pokazały nam dwupiętrowe prycze. Miriam i mnie przydzielono tę na samym dole.

Kiedy przywieziono wieczorny posiłek, wszystkie dzieci rzuciły się do drzwi. Kolacja składała się z mniej więcej sześciocentymetrowej kromki ciemnego chleba i brązowego płynu, który wszyscy nazywali „udawaną kawą". Miriam i ja popatrzyłyśmy na siebie nawzajem.

– Nie możemy tego jeść – powiedziałam do jednej z węgierskich bliźniaczek.

– Do rana nie dostaniecie niczego innego – odparła dziewczynka. – Lepiej zjedzcie, co dają.

– To nie jest koszerne – upierałam się. W domu jadaliśmy tylko koszerną żywność, która spełniała wszystkie wymogi żydowskiego prawa i którą tata błogosławił przed każdym posiłkiem.

Bliźniaczki zaśmiały się, ale ich śmiech nie brzmiał wesoło, tylko pogardliwie, jakby drwiły z naszej głupoty. Następnie łapczywie pochłonęły chleb, który im z Miriam odstąpiłyśmy.

– Cieszymy się z dodatkowej porcji – oznajmiły w końcu – ale musicie się nauczyć jeść wszystko, jeśli chcecie przeżyć. Nie możecie wybrzydzać ani się przejmować, czy coś jest, czy nie jest koszerne.

Po posiłku dziewczynki z Węgier i parę innych zaczęły nas uświadamiać:

– Jesteście w Birkenau – mówiły. – To część Auschwitz, ale leży trzy kilometry od głównego obozu. Auschwitz ma jedną komorę gazową i jedno krematorium.

– Nie rozumiem – przerwała im Miriam.

– Co to jest komora gazowa? Co to jest krematorium? – spytałam.

– Chodźcie z nami, to wam pokażemy. – Dziewczynki zaprowadziły nas na tyły baraku, gdzie stanęłyśmy przy drzwiach, tak żeby blokowa nas nie widziała. Spojrzałyśmy na niebo. Z kominów górujących nad Birkenau buchały płomienie. Dym snuł się po całym obozie, a w powietrzu wirowały drobinki popiołu, tak gęsto, jakby gdzieś w pobliżu wybuchł wulkan. W nozdrza znów uderzył nas ten sam okropny smród.

Choć bałam się zadać pytanie, słowa jakby same wyszły z moich ust.

– Co oni palą tak późno wieczorem?

– Ludzi – odpowiedziała rzeczowym tonem jedna z dziewczynek.

– Ludzi się nie pali! – zaprotestowałam. – Nie gadaj bzdur.

– Naziści palą. Chcą spalić wszystkich Żydów.

Ktoś inny dodał:

– Widziałaś, jak rozdzielali na dwie grupy ludzi, którzy przybyli rano pociągiem? Prawdopodobnie teraz palą jedną grupę. Jeśli naziści uważają, że ktoś jest młody i silny i nadaje się do pracy, to pozwalają mu żyć. Reszta jest zabierana do komór gazowych i zagazowywana na śmierć.

Pomyślałam o mamie, która wciąż była bardzo słaba po długiej chorobie.

Pomyślałam o tacie, ściskającym w ręku modlitewnik.

Pomyślałam o naszych dwóch starszych siostrach.

W głębi duszy wiedziałam, nie trzeba mi było tego mówić, że zostali dołączeni do tych, którzy poszli do komory gazowej. Mimo to pozwalałam sobie na nadzieję, że może wciąż żyją. Ostatecznie byli starsi i mądrzejsi ode mnie i Miriam.

– Jesteśmy dziećmi – powiedziałam. – Nie możemy pracować, a jednak żyjemy.

– Na razie – odpowiedziały dziewczynki. – I tylko dlatego, że jesteśmy bliźniaczkami i wykorzystują nas do eksperymentów prowadzonych przez doktora Mengele. Będzie tu jutro zaraz po apelu.

– Jakie eksperymenty? – zapytałam drżącym głosem.

Dwunastoletnia Lea poradziła nam, żebyśmy przestały się martwić i poszły spać.

Inne dzieci spały w ubraniach i w butach, więc my z Miriam też się nie rozbierałyśmy. Drewnianą pryczę wyścielał siennik, położyłyśmy się na nim w naszych jednakowych sukienkach. Nie mogłam zasnąć, chociaż byłam bardzo zmęczona. Wierciłam się na posłaniu bez końca, aż nagle zauważyłam, że coś się rusza na podłodze.

– Tu są myszy! – krzyknęłam, jeszcze zanim zdążyłam pomyśleć.

– Cicho! – odezwał się ktoś. – To nie są myszy, tylko szczury. Nic ci nie zrobią, jak nie będziesz trzymać w łóżku jedzenia. A teraz już śpij. – Widywałam wcześniej myszy w naszym gospodarstwie, ale nie były takie wielkie jak te szczury; gryzonie widoczne pod pryczą miały rozmiary małych kotów.

Potrzebowałam skorzystać z toalety, Miriam także. W ciemności opuściłyśmy stopy na ziemię, powoli, uważając na szczury. Pomachałyśmy nogami, żeby je spłoszyć. A potem szybko pobiegłyśmy na koniec baraku. Latryna miała niewiele ponad metr kwadratowy powierzchni, ciemne drewniane ściany i betonową podłogę. Obozowe latryny w niczym nie przypominały dzisiejszych toalet, miały dziury w podłodze, do których załatwiało się potrzeby fizjologiczne. Wyglądały jeszcze gorzej niż reszta baraku, wszędzie walały się ludzkie odchody, które nie trafiły do otworu. Panujący tam smród trudno sobie nawet wyobrazić.

Weszłyśmy do środka i stanęłyśmy jak wryte. Na pokrytej nieczystościami podłodze leżały nagie ciała trójki dzieci. Nigdy wcześniej nie widziałam martwego człowieka. A one tam leżały, na twardym, zimnym, cuchnącym betonie... nieżywe. W tamtym momencie uświadomiłam sobie z całą jasnością, że mnie i Miriam także może spotkać śmierć. I przysięgłam sobie w duchu, że zrobię wszystko, co w mojej mocy, żebyśmy nie skończyły tak jak tamte dzieci. Miałyśmy być silniejsze, mądrzejsze, gotowe zrobić wszystko, żeby tak nie skończyć.

Od tamtej pory nosiłam w sobie przekonanie, że wyjdziemy z obozu żywe. Nigdy nie pozwoliłam, żeby strach lub wątpliwości zawładnęły moim umysłem. Ilekroć się pojawiały, natychmiast je wypierałam. Od chwili opuszczenia latryny skupiałam całą swoją energię tylko na jednym: jak przetrwać kolejny dzień w tym strasznym miejscu.

Rozdział czwarty

Rano rozległ się przenikliwy gwizd. Wciąż jeszcze panował mrok.

– Wstawać! Wstawać! Wstawać! – krzyczała sprawująca nadzór nad barakiem *Pflegerin,* czyli pielęgniarka, która się nami opiekowała. Miała na sobie biały kitel. – Przygotować się! – zarządziła również krzykiem.

Ja i Miriam nie znałyśmy jeszcze obozowego rozkładu dnia. Trzymając się za ręce, patrzyłyśmy, jak starsze dziewczynki pomagają maluchom w przygotowaniach do apelu. Na zewnątrz ustawiłyśmy się w rzędach po pięć osób, żeby nas policzono. Apel zwykle trwał od trzydziestu minut do godziny. Sięgając pamięcią wstecz, nie przypominam sobie, żeby jakieś dziecko usiadło albo zapłakało. Nawet te, które miały zaledwie dwa lata. Przypuszczam, że już wtedy instynktownie rozumieliśmy, że nasze życie zależy od tego, czy się dostosujemy.

Po apelu wracaliśmy do środka, żeby posprzątać barak. Trójki martwych dzieci, które widziałyśmy z Miriam poprzedniego wieczoru na podłodze latryny, już tam nie było. Dowiedziałyśmy się, że kiedy jakieś dziecko umierało, inne dzieci z tej samej pryczy nie chciały leżeć obok zwłok, więc przenosiły ciało do latryny, a ubranie zatrzymywały dla siebie.

Te trzy ciała, które znalazłyśmy z Miriam, zostały przez dorosłych ułożone z powrotem na pryczach na czas liczenia. Codziennie wszystkie dzieci, i te żywe i martwe, musiały być policzone. Doktor Mengele wiedział, ile ma par bliźniąt, i żadnego ciała nie można się było pozbyć bez przestrzegania określonych procedur.

Tamtego pierwszego ranka strażnik z SS czekający przed barakiem zawołał głośno:

– Doktor Mengele idzie!

Blokowa, wyraźnie zdenerwowana, sprawiała wrażenie bardzo przejętej pojawieniem się tej ważnej postaci. Miriam i ja stałyśmy na baczność, nie mając odwagi się poruszyć ani nawet głośniej odetchnąć.

Doktor Josef Mengele wszedł do baraku, ubrany w elegancki mundur SS i wysokie błyszczące oficerki. Miał białe rękawiczki i pałkę. Najpierw pomyślałam, że jest bardzo przystojny, jak gwiazdor filmowy. Przeszedł przez barak, licząc bliźnięta na każdej z prycz, otoczony przez osiem osób. Później się dowiedziałyśmy, że jego świtę tworzyli doktor König, dziewczyna pełniąca rolę tłumaczki oraz kilku strażników i asystentów. Podczas kontroli w barakach Mengele zawsze występował z równie liczną eskortą.

Zatrzymawszy się przed pryczą, na której leżały trzy martwe ciała, Mengele wpadł we wściekłość.

– Dlaczego pozwoliliście tym dzieciom umrzeć?! – wrzasnął do pielęgniarki i strażników. – Nie mogę sobie pozwolić na stratę nawet jednego dziecka!

Pielęgniarka i blokowa zaczęły wyraźnie drżeć...

Mengele kontynuował liczenie, aż doszedł do mnie i do Miriam. Przystanął i spoglądał na nas z uwagą. Skamieniałam ze strachu. Po chwili ruszył dalej. Inne dzieci powiedziały nam, że był na rampie w dniu poprzedzającym nasz przyjazd do obozu. To on dokonywał selekcji więźniów, machając swoją pałką. Machnięcie w prawo oznaczało komorę gazową, w lewo – życie w obozie i katorżniczą pracę.

Po wyjściu doktora Mengele z baraku otrzymaliśmy poranną rację żywności. Obie z Miriam wypiłyśmy „udawaną kawę", chociaż była okropna w smaku. Co najważniejsze, zaparzono ją na przegotowanej wodzie, a – jak się szybko przekonałyśmy – to znaczyło, że jest bezpieczna i nie wywoła dyzenterii, objawiającej się nieustającymi biegunkami.

W pięcioosobowych grupkach pomaszerowałyśmy z Birkenau do laboratoriów w Auschwitz. Weszłyśmy do dużego, piętrowego budynku z cegły. Musiałyśmy z Miriam ściągnąć z siebie sukienki, bieliznę i buty. Były tam nie tylko pary bliźniąt płci żeńskiej, ale także chłopcy, jakieś dwadzieścia lub trzydzieści par. Z początku ten widok mnie szokował.

Później się dowiedziałam, że chłopcy bliźniacy mieszkali w oddzielnym baraku, w warunkach znacznie lepszych niż nasze. Opiekował się nimi młody więzień narodowości żydowskiej, wcześniej oficer, Zvi Spiegel, którego Mengele wybrał do pełnienia tej funkcji. Zvi starał się pomagać tym chłopcom, przekonał Mengelego, żeby lepiej ich żywił i poprawił im warunki bytowania. Mengele pewnie uznał, że dzięki temu staną się lepszymi obiektami do prowadzenia eksperymentów. Zvi, znany również jako „tata bliźniaków", pocieszał swoich podopiecznych, organizował różne gry, żeby ich czymś zająć, a także uczył podstaw geografii i matematyki. W ciągu dnia pozwalał im grać w piłkę nożną zrobioną ze zwiniętych szmat, żeby utrzymali lepszą kondycję fizyczną. Kazał im też zapamiętywać imiona innych dzieci z baraku, by czuli się ludźmi w tym odhumanizowanym otoczeniu.

W naszym baraku nie miałyśmy takiej osoby, która by nam przewodziła i pomogła nawiązywać przyjaźnie. Nigdy nie podeszłam do żadnej dziewczynki, żeby ją spytać o imię albo samej się przedstawić. Żyłyśmy w poczuciu osamotnienia, jako bliźniaczki z numerami, starając się przetrwać. Jedyną osobą, o którą się troszczyłam, była Miriam.

W ceglanym budynku, do którego nas zaprowadzono, dostrzegłam kilka par bliźniaków dwujajowych, ale większość była jednojajowa, jak ja i Miriam. Później się dowiedziałam, że doktor Mengele pragnął rozszyfrować tajemnicę ciąż bliźniaczych. Jednym z celów jego eksperymentów było odkrycie sposobu powoływania na świat, po kilkoro naraz, jasnowłosych, niebieskookich dzieci, żeby zwiększyć populację Niemców. Hitler nazywał Aryjczyków, czyli tych Niemców blondynów o niebieskich oczach i jasnej skórze, „rasą panów", a my byliśmy jego ludzkimi królikami doświadczalnymi. Badania Mengelego obejmowały także osoby dotknięte gigantyzmem, karły, upośledzonych i Cyganów. Karły mieszkały niedaleko naszego baraku, często widywałyśmy ich, przechodzących przez obóz.

Wszyscy siedzieliśmy zupełnie nadzy na ławkach, dziewczynki i chłopcy. Panował okropny ziąb. Nie mieliśmy się gdzie schronić przed zimnem, a poza tym krępował nas brak ubrania. Niektóre dziewczynki krzyżowały nogi i zasłaniały się rękami. Inne dygotały ze strachu, kiedy esesmani wskazywali na nas ze śmiechem. Nagość była dla mnie jednym z najbardziej odczłowieczających zjawisk w obozie.

Doktor Mengele na przemian wchodził i wychodził, nadzorując swój personel. Pozostali lekarze i pielęgniarki w białych kitlach, więźniowie tak samo jak my, oglądali nas i robili notatki.

Najpierw zmierzyli mi głowę urządzeniem wyglądającym jak suwmiarka, wykonanym z dwóch kawałków metalu, które przyłożono mi do czaszki i ściśnięto. Lekarz podał odczytany pomiar asystentowi, a ten zapisał go w aktach.

Mierzyli nam też małżowiny uszne, długość nosów i rozmiar ust, opisywali rozstaw, kształt i barwę naszych oczu. Porównywali odcień niebieskich oczu Miriam z moim odcieniem przy użyciu specjalnej tabelki z kolorami. Mierzyli i mierzyli. Poświęcali trzy do czterech godzin na jedno ucho. Za każdym razem kiedy mierzyli mnie, robili to samo z Miriam, żeby sprawdzić, w czym jesteśmy podobne, a czym się różnimy. Fotograf pstrykał zdjęcia, a artysta rysownik wykonywał szkice. Technicy prześwietlali nas promieniami rentgenowskimi, robiąc za każdym razem pięć lub sześć zdjęć.

Następnie zadawali nam pytania i wydawali komendy. Więzień, który znał węgierski i niemiecki, służył za tłumacza. Jeśli ja coś robiłam, Miriam robiła to samo.

– Za każdym razem, kiedy cię naśladuję, oni coś zapisują – powiedziała szeptem Miriam. – Chcą sprawdzić, która z nas przewodzi. – Oczywiście ja przewodziłam, jak zawsze. Po tym, co widzieli poprzedniego dnia w saunie, kiedy protestowałam przeciwko tatuowaniu, wiedzieli też, że sprawiam kłopoty.

Siedziałyśmy tam od sześciu do ośmiu godzin. Nienawidziłam każdej sekundy z tego czasu. W końcu pozwolono nam się ubrać i odprowadzono nas do baraku na wieczorny posiłek: bardzo skromną kromkę czarnego chleba szerokości około sześciu centymetrów.

Po południu nasza nadzorczyni-pielęgniarka uczyła nas śpiewać piosenkę po niemiecku. Słowa brzmiały: „Jestem małym niemieckim dzieckiem. Jeśli nie, to fuj!”. Ustawiła nas w krąg i kazała jednej z dziewczynek stanąć pośrodku. Musiałyśmy chodzić wokół niej i śpiewać: „Fuj! Fuj! Fuj!”

– Brudne, wstrętne Żydówki! – krzyczała do nas pielęgniarka. – Świnie! – Uwielbiała tę piosenkę, która mówiła o tym, że my, dzieci, jesteśmy obrzydliwe.

Nienawidziłyśmy tej pielęgniarki. Za jej plecami nazywałyśmy ją Żmiją. Miała grube nogi i czarne włosy splecione w warkocz. Żmija lubiła z nas drwić.

– Myślicie, że kim jesteście? – pytała.

Nie odpowiadałyśmy. Zresztą ona nie oczekiwała żadnej odpowiedzi.

– Myślicie, że jesteście takie mądre, bo wciąż żyjecie? – mówiła Żmija. – Już niedługo będziecie martwe. Mamy zamiar zabić was wszystkie.

Przez pierwsze dwa dni płakałyśmy z Miriam prawie bez przerwy. Szybko jednak zrozumiałyśmy, że płacz w niczym nam nie pomoże. Popadłyśmy w stan podobny do odrętwienia.

Przeżycie stało się sprawą najważniejszą. Wiedziałyśmy, że żyjemy z powodu tych pseudomedycznych eksperymentów. Z powodu korzystnego dla nas zrządzenia natury.

Ponieważ byłyśmy bliźniaczkami doktora Mengele.

Rozdział piąty

Przebywanie w Auschwitz było jak uczestniczenie każdego dnia w wypadku drogowym. Codziennie działo się coś przerażającego.

Nie minęły dwa tygodnie, jak ogolono nam, mnie i Miriam, głowy na łyso. Podobnie jak wszystkie inne bliźnięta w naszym baraku miałyśmy wszy. Dowiedziałam się, że ten gatunek pasożytów składa jaja na ludzkich włosach. I może przechodzić z jednej głowy na drugą. Istnieje tylko jeden sposób, żeby się pozbyć wszy: należy użyć specjalnego szamponu albo środka chemicznego, a potem codziennie czesać włosy grzebieniem o bardzo gęstych zębach. Nie mieliśmy żadnej z tych rzeczy, więc wszy się mnożyły, wędrując z osoby na osobę; były na ubraniach, na pryczach, dosłownie wszędzie. Wraz z pchłami gnieździły się w kocach, w słomie wypełniającej sienniki, w szwach sukienek. Bez przerwy się drapałyśmy. Mimo obcięcia włosów tuż przy skórze nadal byłyśmy zawszone! Bezustannie ściągałyśmy te insekty z siebie nawzajem i próbowałyśmy je zgniatać między paznokciami.

Raz w tygodniu bliźnięta miały przywilej brania prysznica. Każda z nas dostawała kawałek mydła. W wielkim pomieszczeniu łaźni zdejmowałyśmy ubranie i zostawiałyśmy je na stercie do dezynfekcji. Później się dowiedziałam, że preparat, którym to robiono, cyklon B, był jednym z trzech środków chemicznych używanych do zagazowywania ludzi na śmierć w Auschwitz. Cyklon B miał postać szaroniebieskich granulek, z cyjanowodorem i ziemią okrzemkową; uwalniał się z nich trujący gaz używany do masowego uśmiercania ludzi. Właśnie ten gaz zmieszany ze swądem palonych ciał i kości dawał ów szczególny zapach, który poczułam już pierwszego dnia po przybyciu do obozu. Takiego zapachu nie da się zapomnieć do końca życia.

Jak zawsze, trzymałyśmy się z Miriam blisko siebie. Przed myciem stałyśmy w wannie z białawym płynem, który piekł mnie w nogi i zostawiał czerwone plamy na skórze. Czasami opiekunki przecierały nam głowy i ciała i wówczas środek dezynfekcyjny szczypał mnie w oczy. Kąpiel brało jednocześnie czterdzieścioro do pięćdziesięciorga bliźniąt. Doktor Mengele chciał, żebyśmy byli czyści, i czasami kazał swoim asystentom podejmować próby gruntownego wysprzątania naszych baraków, jednak brud i wszy z obozu zawsze powracały i musiałyśmy sobie z nimi jakoś radzić.

Pewnego razu zobaczyłyśmy pod prysznicem kilku chłopców. Pamiętam, że patrząc na nich, pomyślałam: „Są tacy chudzi. Cieszę się, że nie wyglądam tak jak oni". W istocie musiałam wyglądać podobnie. Miriam także. Miała zapadnięte oczy i dało się policzyć każdą kosteczkę w jej ciele. Jednak sama nie czułam się wychudła ani godna pożałowania. Miałam potrzebę, żeby postrzegać siebie jako silną.

Doktor Mengele wyznaczył nam rozkład zajęć, którego musiałyśmy przestrzegać. Trzy raz w tygodniu maszerowałyśmy do laboratorium w Auschwitz na intensywne badania, niezwykle dla nas męczące. Pozostałe trzy dni spędzałyśmy w laboratorium analitycznym w Birkenau. Dni zlewały się ze sobą. Co rano po apelu Mengele przychodził do naszego baraku na inspekcję. Uśmiechnięty, nazywał nas *meine Kinder,* czyli swoimi dziećmi. Niektóre z bliźniaków go lubiły i zwracały się do niego „wujek Mengele". Nie ja. Ja się go strasznie bałam. Już wtedy wiedziałam, że nie traktuje nas jak prawdziwy lekarz swoich pacjentów.

We wtorki, czwartki i soboty chodziłyśmy do laboratorium analitycznego. Siedziałyśmy z Miriam na ławce z parą innych bliźniaczek. Ktoś przewiązywał nam górną część lewego i prawego ramienia cienkimi gumowymi rurkami. Zajmowały się mną równocześnie dwie osoby. Jedna wbijała igłę w moje lewe ramię, żeby pobrać krew. Po napełnieniu jednej próbówki dokonywała kolejnego wkłucia. Widziałam dłonie odbierające jaskrawoczerwone fiolki z moją krwią. Pamiętam, że się zastanawiałam, ile krwi mogę stracić i dalej żyć. Tymczasem druga osoba dawała mi jakiś zastrzyk w prawe ramię. Wbijała pięć igieł, nie wyjmując tej pierwszej. Co wstrzykiwano w resztkę mojej krwi pozostałej w żyłach?

Nienawidziłam zastrzyków. Nie płakałam jednak z bólu, bo nie chciałam pokazać nazistom, że mnie to boli. Pomagało mi odwrócenie głowy i liczenie ukłuć, dopóki nie było po wszystkim.

W drodze powrotnej do baraku nie rozmawiałyśmy z Miriam o zastrzykach. Uważałam te zastrzyki za cenę, jaką musimy zapłacić za przetrwanie: oddawałyśmy im naszą krew, nasze ciała, naszą dumę i godność, a w zamian oni pozwalali nam przeżyć kolejny dzień. Nie pamiętam ani jednego dziecka spośród tamtych bliźniąt, które by się nie poddało badaniom.

W tamtym czasie nie mieliśmy pojęcia, jaki jest cel tych eksperymentów ani co nam wstrzykują. Później się okazało, że doktor Mengele umyślnie zarażał niektóre bliźnięta poważnymi, zagrażającymi życiu chorobami, takimi jak szkarlatyna, a następnie wstrzykiwał im jakiś lek i sprawdzał, czy następuje po nim poprawa. Niektóre zastrzyki miały zmienić kolor oczu.

Starsze dziewczynki wiele lat po wyzwoleniu obozu powiedziały nam, że Mengele zabierał je do laboratorium i robił im transfuzje krwi od chłopców, a ich krew przetaczał chłopcom. Chciał odkryć sposób na zamianę dziewczynek w chłopców i chłopców w dziewczynki. O wielu tych rzeczach dowiedziałam się po czterdziestu latach, jak na przykład o parze nastoletnich bliźniaków, którym odcięto część genitaliów, bo Mengele sprawdzał, czy uda mu się ich zamienić w dziewczynki. Jeden z tych chłopców zmarł na pryczy obok swego brata bliźniaka, który opowiadał po latach: „Czułem, jak ciało mojego brata stygnie".

W tamtym czasie mówiono, że sześć par bliźniąt poszło do tego laboratorium i wszystkie zostały tam zabite. Nigdy nie byłam świadkiem, by kogoś zabito, wiedziałam tylko, że niektóre bliźniaki znikają. W końcu się dowiedziałam, że pogłoski nie kłamią, że bliźnięta naprawdę umierają na skutek niektórych eksperymentów. Mówiono nam, że są „bardzo chore", a potem Mengele po prostu zastępował je bliźniakami przybyłymi nowym transportem. Tak postrzegano nawet najbardziej uprzywilejowanych więźniów w Auschwitz. Nawet faworyci Mengelego nie byli traktowani jak ludzie. Można nas było łatwo zastąpić następnymi. Byliśmy obiektami jednorazowego użytku.

Niezastąpione były natomiast nasze śliczne, jednakowe sukienki, które już tak się zniszczyły, że zupełnie nie nadawały się do noszenia. Dostałyśmy kobiece ubrania, ale były na nas za duże i musiałyśmy się obwiązywać w pasie sznurkiem. Pod górną część sukienki upychałyśmy cały nasz dobytek, na przykład metalowy kubek czy kawałek chleba zachowany z poprzedniego wieczoru.

Rano przed apelem i w dni, kiedy chodziłyśmy do laboratorium analitycznego, pomagałyśmy w opiece nad młodszymi dziećmi. Za naszym barakiem znajdował się ogrodzony plac, gdzie się z nimi bawiłyśmy. Starsze dziewczynki nauczyły Miriam i mnie robić na drutach. Wyciągnęłyśmy kawałki drutu kolczastego z ogrodzenia, po czym uderzając o kamień, obluzowałyśmy, a następnie oderwałyśmy kolce. Zajęło nam to dużo czasu. Wreszcie zaostrzyłyśmy na kamieniu końcówki i miałyśmy druty do robótek. Jedno z dzieci miało stary sweter, który sprułyśmy, uzyskując włóczkę. Każda z dziewczynek wykonywała kilka rządków, dopóki cały materiał ze swetra nie został wykorzystany. Wtedy następna osoba pruła to, co udziergałyśmy i zaczynałyśmy jeszcze raz od nowa. Nie chodziło o to, żeby powstała skończona rzecz

– czapka, szalik czy skarpety. Robienie na drutach odwracało naszą uwagę od niedoli, jaka stała się naszym udziałem.

Jednak śmierć i zagrożenie nigdy na dobre nas nie opuszczały. Pewnego dnia, gdy znajdowałyśmy się na zewnątrz, w pobliżu przejeżdżał wóz ze zwłokami. Podbiegłyśmy do płotu, żeby sprawdzić, czy nie rozpoznamy kogoś ze zmarłych.

– Mama! To moja mama! – zawołała jedna z dziewczynek i wybuchnęła płaczem. Szlochała i zawodziła, coraz głośniej wyrażając swój ból, w miarę jak wóz się oddalał. Współczułam jej, ale nie wiedziałam, co powiedzieć.

W tamtym momencie uświadomiłam sobie, że nasza matka też mogła jechać na takim wozie, tylko jej po prostu nie widziałyśmy. Takie wozy jeździły codziennie. Czasami leżący na nich więźniowie byli martwi, czasami trafiali się wśród nich jeszcze żywi, ale wszyscy byli wywożeni do miejsca swego ostatecznego spoczynku. Do tamtej chwili nie myślałam o naszej rodzinie. Może za sprawą jedzonego przez nas co wieczór chleba, który zawierał nie tylko trociny, ale pewnie też bromek, środek o działaniu uspokajającym, przestawałyśmy wspominać dom. Jakakolwiek była tego przyczyna, nie potrafiłam się użalać nad sobą czy Miriam ani nad nikim innym. Nie mogłam myśleć o sobie jako ofierze, bo wiedziałam, że wtedy przepadnę. To było proste. Nie istniała dla mnie żadna inna możliwość poza tą, że przetrwamy.

Nocą leżałyśmy z Miriam na naszej pryczy, dzielonej z dwoma innymi parami bliźniaczek. Tuliłyśmy się do siebie, ale nie było żadnych rozmów ani szeptów. Gdybym się przyznała siostrze, jak bardzo jestem głodna i nieszczęśliwa, to tylko pogorszyłabym sytuację. W ciemności słyszałam czasem syrenę, przejeżdżający samochód albo motocykl. Odgłosy marszu, jęki, torsje, szczekanie i płacz wyznaczały rytm obozowej egzystencji, tworzyły orkiestrę akompaniującą wszechobecnej ludzkiej niedoli.

Od czasu do czasu, kiedy opiekunki spały, nasza stara znajoma z sąsiedniej wsi, pani Csengeri, wkradała się do baraku, żeby odwiedzić swoje bliźniaczki. Była inteligentną, sprytną kobietą. Po przybyciu do Auschwitz zdołała przekonać doktora Mengele, że mogłaby mu pomóc, udzielając informacji o swoich córkach, i uzyskała zgodę na zamieszkanie w kobiecym baraku. Pani Csengeri przynosiła córkom jedzenie, bieliznę, czapki i inne rzeczy, jakie udało jej się „zorganizować". To słowo w obozowym języku oznaczało kradzież rzeczy należących do nazistów. Zazdrościłam tym dziewczynkom, że mają matkę, która żyje i się o nie troszczy. My z Miriam miałyśmy tylko siebie.

Nie mogłam już myśleć o mamie, tacie i starszych siostrach. Musiałam się martwić o Miriam i o siebie. Musiałam sobie ciągle powtarzać:

Jeszcze jeden dzień.

Jeszcze jeden eksperyment.

Jeszcze jeden zastrzyk.

Tylko się nie rozchorujmy, błagam.

Rozdział szósty

W którąś z lipcowych sobót, gdy jak zwykle pomaszerowałyśmy do laboratorium, wstrzyknięto mi jakiś zarazek. Tylko mnie, Miriam nie dostała zastrzyku. Po latach domyśliłam się, że zostałam wybrana do tego eksperymentu, ponieważ zauważyli, że jestem silniejsza.

Zupełnie nie byłam przygotowana na to, że się rozchoruję. W nocy dostałam wysokiej gorączki. Głowa pulsowała mi bólem. Skóra zrobiła się tak sucha, że aż piekła. Trzęsłam się tak mocno, że mimo zmęczenia nie mogłam spać. Obudziłam Miriam.

– Jestem b... bardzo ch... chora – wyszeptałam jej do ucha, szczękając zębami.

Natychmiast oprzytomniała i zaczęła się martwić.

– I co teraz zrobimy?

– N... nie wiem. M... może s... spróbujmy u... udawać, że nic mi n... nie jest.

W poniedziałek rano, kiedy wychodziłyśmy na zewnątrz, by wziąć udział w apelu, kręciło mi się w głowie. Ręce i nogi

Europa Wschodnia w 1944 roku.

Trasa podróży Evy.

Eva i Miriam Mozes, 1935 rok.

Rodzice Evy, Aleksander i Jaffa Mozesowie.

W górnym rzędzie od lewej: Aliz, Tata, Edit oraz przyjaciółka Luci; w środku: Eva, Mama, Miriam; u dołu: kuzyn Szmulik.

Stoją: kuzynka Magda, siostra Edit i kuzynka Aggi. Na trawie leżą: kuzynka Dvora i siostra Aliz. Wszystkie dziewczynki z tego zdjęcia zginęły w obozach.

Portz w Siedmiogrodzie.

Główna brama obozu w Auschwitz. Niemiecki napis *Arbeit macht frei* znaczy: „Praca czyni wolnym".

Rampa w Auschwitz, gdzie dokonywano selekcji.

Auschwitz.

Wnętrze obozu.

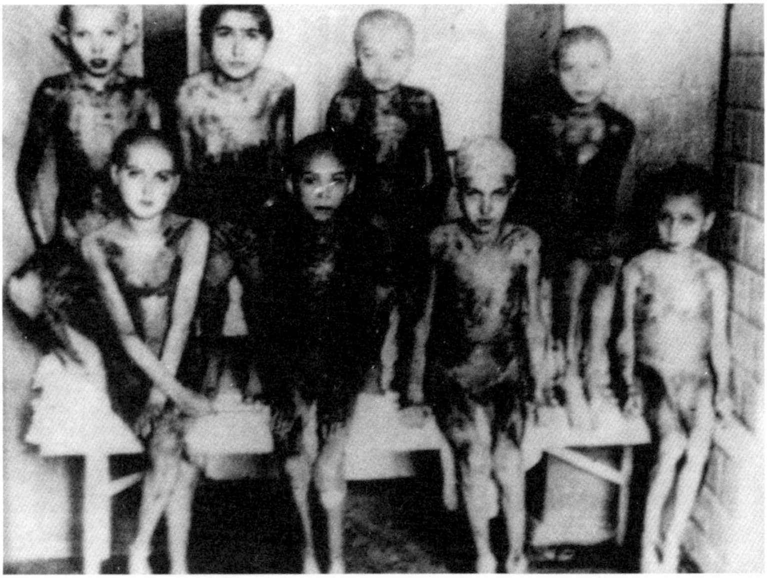

Zdjęcie bliźniąt w laboratorium.

Josef Mengele.

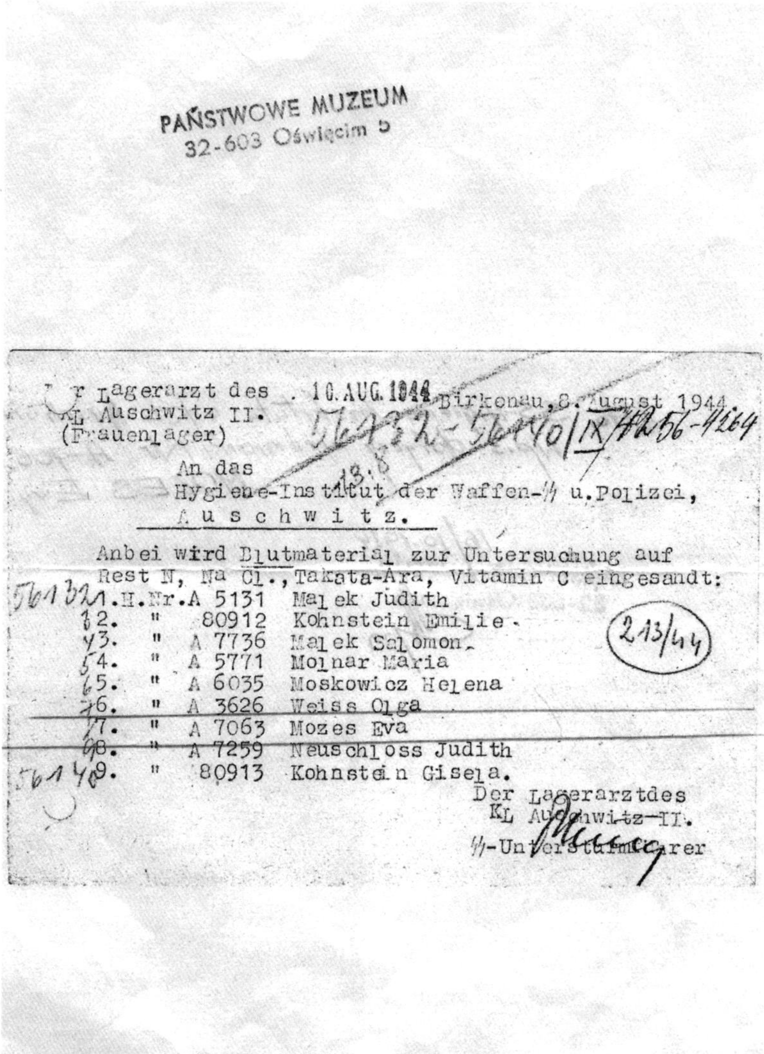
PAŃSTWOWE MUZEUM
32-603 Oświęcim 5

Der Lagerarzt des . 10. AUG. 1944 Birkenau, 8. August 1944.
KL Auschwitz II.
(Frauenlager)

56132 - 56140/IX/4256-4264

An das
Hygiene-Institut der Waffen-SS u. Polizei,
Auschwitz.

Anbei wird Blutmaterial zur Untersuchung auf Rest N, Na Cl., Takata-Ara, Vitamin C eingesandt:

56132 1. H.Nr. A 5131 Malek Judith
2. " 80912 Kohnstein Emilie
3. " A 7736 Malek Salomon
4. " A 5771 Molnar Maria
5. " A 6035 Moskowicz Helena
~~6. " A 3626 Weiss Olga~~
7. " A 7063 Mozes Eva
~~8. " A 7259 Neuschloss Judith~~
56140 9. " 80913 Kohnstein Gisela.

213/44

Der Lagerarzt des
KL Auschwitz-II.
SS-Untersturmführer

Oryginał dokumentu zaświadczającego, że próbki krwi Evy były badane na obecność azotu mocznikowego, soli i witaminy C oraz poddane testowi takata-ara. Istnieją również dokumenty poświadczające badania na syfilis i szkarlatynę.

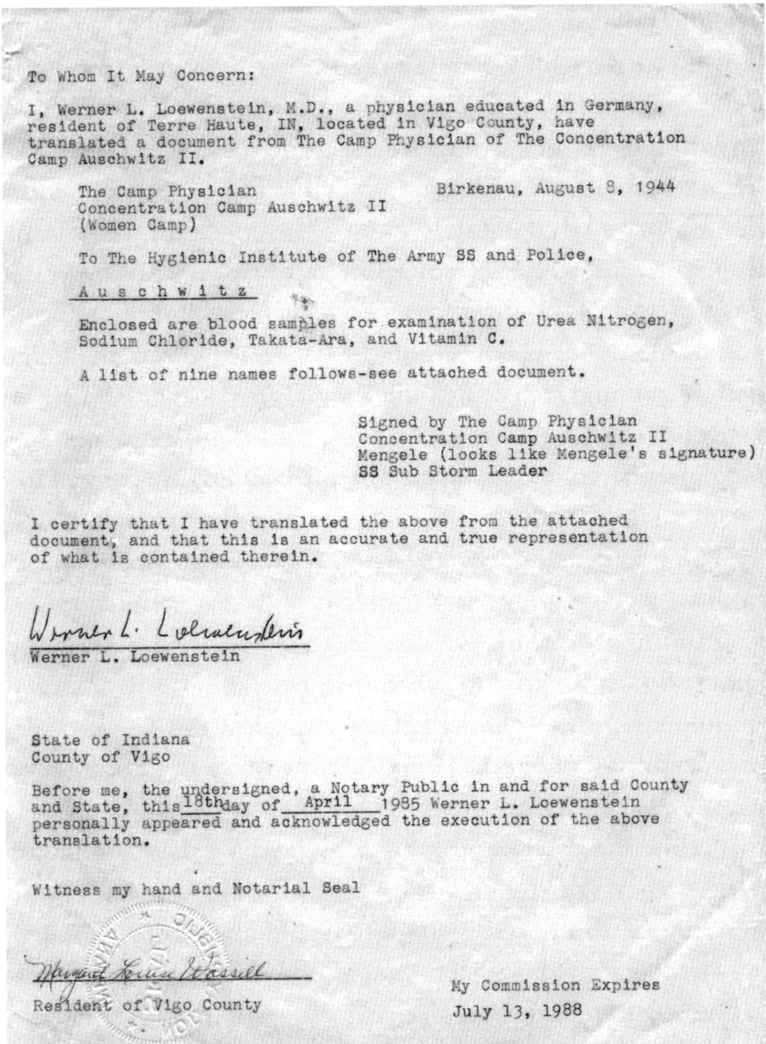

To Whom It May Concern:

I, Werner L. Loewenstein, M.D., a physician educated in Germany, resident of Terre Haute, IN, located in Vigo County, have translated a document from The Camp Physician of The Concentration Camp Auschwitz II.

The Camp Physician
Concentration Camp Auschwitz II
(Women Camp)

Birkenau, August 8, 1944

To The Hygienic Institute of The Army SS and Police,

A u s c h w i t z

Enclosed are blood samples for examination of Urea Nitrogen, Sodium Chloride, Takata-Ara, and Vitamin C.

A list of nine names follows-see attached document.

Signed by The Camp Physician
Concentration Camp Auschwitz II
Mengele (looks like Mengele's signature)
SS Sub Storm Leader

I certify that I have translated the above from the attached document, and that this is an accurate and true representation of what is contained therein.

Werner L. Loewenstein
Werner L. Loewenstein

State of Indiana
County of Vigo

Before me, the undersigned, a Notary Public in and for said County and State, this 18th day of April 1985 Werner L. Loewenstein personally appeared and acknowledged the execution of the above translation.

Witness my hand and Notarial Seal

Resident of Vigo County

My Commission Expires
July 13, 1988

Przetłumaczony na angielski dokument z sąsiedniej strony.

miałam pokryte czerwoną wysypką i spuchnięte tak, że wydawały się dwa razy grubsze niż normalnie. Strasznie mnie bolały, miałam wrażenie, że zaraz popęka mi skóra. Wstrząsały mną dreszcze. Słońce trochę mnie rozgrzało i rozpaczliwie starałam się nie dygotać, żeby *Pflegerin* i inne opiekunki nie zauważyły, że jestem chora. Nie chciałam, żeby mnie umieszczono w obozowym szpitalu. Dwa razy zdarzyło się, że zabierano tam chore dziecko z naszego baraku. Żadne z nich nie wróciło. Ich bliźniacze rodzeństwo później także zostało zabrane i więcej ich nie widzieliśmy. Zakładałyśmy, że kiedy jedno z pary bliźniąt zachorowało, zabijano oboje. Nie mogłam pozwolić, żeby to się przytrafiło Miriam i mnie. Dlaczego miałaby zginąć tylko dlatego, że ja mogłam umrzeć?

Tuż przed rozpoczęciem apelu rozległo się głośne, przenikliwe wycie syren zapowiadających nalot. Mieliśmy zostać zbombardowani. Drżąca, lecz zachwycona patrzyłam, jak esesmani biegną do schronów, żeby się schować przed samolotem z amerykańską flagą wymalowaną na skrzydle, krążącym nad obozem. Pomyślałam wówczas: „Patrzcie na tych nazistów, trzęsących światem, którzy uciekają niczym spłoszone koty!". Rozpoznałam gwiazdki i pasy na fladze, ponieważ nasza ciotka, siostra taty, mieszkała w Cleveland w stanie Ohio i przed wojną przysyłała nam listy z amerykańską flagą na znaczkach. Nagle samolot obniżył lot i otoczył obóz kręgiem żółtego dymu. Już wtedy wiedzieliśmy, że nie będą zrzucać bomb wewnątrz tego kręgu. Nadleciało więcej samolotów i po chwili z oddali dobiegł odgłos eksplodujących bomb. Te amerykańskie samoloty wzbudziły w nas nadzieję, bo zapowiadały nadchodzącą pomoc. Oznaczały, że pewnego dnia, już wkrótce, zostaniemy uwolnieni i będziemy mogli wyruszyć do domu... jeśli do tego czasu uda nam się przeżyć. My, dzieci, klaskałyśmy w ręce; to były nasze momenty chwały.

Podczas następnej wizyty w laboratorium lekarze nie zadali sobie trudu, żeby mnie zbadać. Wywoławszy mój numer, zmierzyli mi temperaturę. Wiedziałam, że nie jest ze mną dobrze. Natychmiast dwie pielęgniarki wsadziły mnie do jakiegoś terenowego samochodu i wywiozły. Nie zdążyłam się nawet zobaczyć z Miriam, zanim mnie zabrano. Po raz pierwszy od chwili naszego przybycia do obozu zostałyśmy rozdzielone. To, że byłyśmy razem, mogłyśmy liczyć na siebie nawzajem, każda z nas miała tę drugą, szczerze oddaną osobę u boku, chroniło nas przed poczuciem strasznego osamotnienia.

Pielęgniarki zawiozły mnie do obozowego szpitala, czyli budynku numer 21, brudnego baraku w pobliżu komór gazowych i ziejących ogniem kominów. Powietrze miało ten okropny mdlący zapach. Na dwupiętrowych pryczach leżeli na wpół martwi ludzie. Jak okiem sięgnąć ciągnęły się rzędy prycz z istotami ludzkimi umierającymi powolną śmiercią. Sami dorośli. Kiedy ich mijałam, wyciągali przeraźliwie chude ręce:

– Proszę!

– Wody! Wody!

– Jeść! Proszę! Cokolwiek!

– Pomocy!

Wszyscy płakali, nie byli w stanie się ruszyć. Miałam wrażenie, że wyciągniętych błagalnie rąk jest więcej niż osób.

Przypominam sobie, jak czytałam w Biblii o Dolinie Śmierci, obozowy szpital wydał mi się do niej podobny. Nigdy nie byłam w gorszym miejscu.

Umieszczono mnie w sali z dwiema innymi dziewczynkami, Verą i Tamarą. Każda z nich miała siostrę bliźniaczkę. Chorowały na ospę wietrzną, więc nie czuły się aż tak bardzo źle. Pomieszczenie było niewielkie, ale mieszkałyśmy tylko we trzy, co stanowiło kolejny przywilej dostępny jedynie bliźniętom.

Tamtego wieczoru minął czas kolacji, a my nie dostałyśmy przydziałowej porcji jedzenia.

– Dlaczego nas nie karmią? – wyraziłam zdziwienie. – Powinnyśmy dostać chleb.

Odpowiedziała mi Vera:

– Nikt nie dostaje jedzenia, bo gromadzą tu ludzi po to, żeby umarli, albo zabierają ich stąd na śmierć w komorze gazowej.

– Nie chcą tracić jedzenia na umierających – dodała Tamara.

Powiedziałam sobie w duchu, że nie mogę umrzeć.

Nie umrę.

Tamtej nocy byłam zbyt chora, żeby odczuwać głód. Ciężko mi było zasnąć bez Miriam tulącej się do mego boku. W ciemności słyszałam jęki i okrzyki bólu. Te straszne odgłosy przeszywały mnie na wskroś. Nigdy wcześniej nie słyszałam, by tylu ludzi naraz szlochało, wyło i krzyczało.

Następnego dnia przyjechała ciężarówka. Najbardziej chorych wrzucano na pakę, żeby ich zawieźć prosto do komory gazowej. Wrzeszczeli i szamotali się, bo niektórych umieszczano pomiędzy trupami.

– Czy ja też trafię do gazu? – zadałam sobie pytanie. Komory gazowe nie pozwalały ani na moment o sobie zapomnieć, stały obok krematorium plującego smrodem palonych ludzkich włosów, kości i ciał, zatruwającym powietrze wokół nas. Każdy więzień obozu mógł w nich skończyć, ale dla nas, przebywających w szpitalu, to prawdopodobieństwo znacząco rosło. Ciężarówki przyjeżdżały dwa razy w tygodniu. Po latach się dowiedziałam, że tuż przed wrzuceniem zwłok do paleniska w krematorium specjalna grupa więźniów wyrywała złote zęby i szukała ukrytych kosztowności. Naziści pozyskiwali z ciał przeciętnie trzydzieści pięć kilogramów złota każdego dnia. Ktoś się na tym bogacił.

Następnego ranka po moim przybyciu zjawił się Mengele w asyście czterech innych lekarzy, żeby mnie zbadać. Omawiali mój przypadek, jakby pracowali w normalnym szpitalu. Choć rozmawiali po niemiecku, rozumiałam wiele z tego, co mówili. Doktor Mengele zaśmiał się i powiedział, krzywiąc usta:

– Szkoda. Jest taka młoda, a zostały jej zaledwie dwa tygodnie życia.

Zastanawiałam się, skąd może to wiedzieć. Po tamtym trującym zastrzyku nie robili mi żadnych badań. Później sobie uświadomiłam, że przecież Mengele wiedział, czym mnie zarażono i jak przebiega ta choroba. Mogło to być beri-beri albo gorączka plamista. Nigdy się nie dowiedziałam na pewno.

Leżąc na łóżku, słuchałam Mengelego i pozostałych lekarzy i próbowałam nie dać po sobie poznać, że rozumiem, co mówią. Powtarzałam sobie w duchu: „Nie umarłam. I nie zamierzam umrzeć. Przechytrzę tych lekarzy, udowodnię doktorowi Mengele, że nie ma racji, że wyjdę stąd żywa". Przede wszystkim wiedziałam, że muszę wrócić do Miriam.

W czasie tych pierwszych kilku dni miałam bardzo wysoką gorączkę, ale nie dostałam jedzenia, leków ani wody. Mierzyli mi tylko temperaturę. Bardzo chciało mi się pić, miałam tak sucho w ustach, że ledwie mogłam oddychać.

Na odległym końcu baraku znajdował się kran. Pamiętam, że zsuwałam się z łóżka, otwierałam drzwi i czołgałam się po podłodze do tego kranu. Szorstki beton drapał mi skórę, ziębił w brzuch. Wlokłam się powoli na czworakach po podłodze ubrudzonej śluzem. Czasami mdlałam, by po chwili znów oprzytomnieć i centymetr po centymetrze posuwać się naprzód.

„Wyzdrowieję", powtarzałam sobie cały czas.

Muszę wyzdrowieć. Muszę przetrwać.

Potrzeba zaczerpnięcia wody zawładnęła mną bez reszty. Najdziwniejsze, że nie pamiętam momentu picia. Musiałam się napić, bo inaczej bym nie przeżyła. Nie przypominam też sobie, jak wracałam na pryczę w pomieszczeniu dzielonym z tamtymi dwiema dziewczynkami. Jednak przez dwa tygodnie co noc powtarzałam tę wędrówkę.

Po tygodniu mojego pobytu w szpitalu Miriam dowiedziała się, że nie dostaję jedzenia. Nasza stara znajoma pani Csengeri jej powiedziała. Pani Csengeri przekazywała wiadomości, przekradając się z baraku do baraku podczas odwiedzin u swoich córek. Miriam zaczęła oszczędzać chleb ze swoich porcji i dawała pani Csengeri, żeby mi go przekazała. Pomyśleć tylko, jaką siłą woli wykazała się dziesięcioletnia Miriam, postanawiając nie jeść przez tydzień! Dzienna racja chleba od siostry bliźniaczki uratowała mi życie i utwierdziła moją determinację, by do niej wrócić.

Po dwóch tygodniach jakimś cudem gorączka ustąpiła! Poczułam się silniejsza. Którejś nocy, obudziwszy się, ujrzałam szczupłą, ciemną sylwetkę blokowej. Co jakiś czas zakradała się do naszej sali i dawała nam jedzenie.

– Masz, to dla ciebie – mówiła cicho, kładąc kawałek chleba na moim posłaniu. – Jeśli ktoś się dowie, zostanę ukarana. – Raz dała nawet Verze, Tamarze i mnie kawałek urodzinowego tortu. Cóż to był za rarytas! Taki pyszny, taki słodki. Pożarłyśmy go, oblizując palce, a potem również papier, w który był zapakowany. Nawet w Auschwitz niektórzy zachowali ludzkie cechy.

Jednak kiedy sięgam myślami do tamtych dni, nie rozumiem, dlaczego nie dała mi wody, kiedy byłam tak ciężko chora przez pierwsze dwa tygodnie. Mogę się tylko domyślać, że kierowała swe starania ku tym, którzy według niej rokowali szanse na przeżycie.

Kiedy już nabrałam trochę sił, chciałam jak najszybciej opuścić szpital, ale wciąż miałam gorączkę. Doktor Mengele i jego asystenci przychodzili dwa razy dziennie sprawdzać mój wykres temperatury. Musiałam ich przekonać, że gorączka spada, żeby mogli mnie odesłać z powrotem do baraku bliźniąt. Wymyśliłam więc plan.

Vera i Tamara nauczyły mnie odczytywać wskazania termometru. Kiedy pielęgniarka, również więźniarka, weszła i umieściła mi termometr pod pachą, kazała mi go tam trzymać, dopóki nie wróci. Po jej wyjściu wyciągnęłam termometr i odczytawszy cyfry, trochę go strzepnęłam. Następnie znów wsunęłam pod pachę, ale tak głęboko, że wystawał z drugiej strony i nie mógł zarejestrować żadnej zmiany. Pielęgniarka wróciła, sprawdziła wskazanie i zanotowała na karcie. Musiałam zachować wielką ostrożność i zmniejszać wynik stopniowo, żeby Mengele nie nabrał podejrzeń. Plan się powiódł! Trzy tygodnie później wypuszczono mnie ze szpitala.

Radośnie powróciłam do swojej siostry. Teraz, kiedy znów byłyśmy razem, wiedziałam, że wyzdrowieję. Jednakże byłam wstrząśnięta wyglądem Miriam. Siedziała i gapiła się przed siebie z dziwną pustką w oczach. Sprawiała wrażenie słabej i pozbawionej życia.

– Co ci jest? – spytałam. – Co się stało? Co oni ci zrobili?

– Nic – odpowiedziała Miriam. – Daj mi spokój, Evo. Nie mogę o tym mówić.

Wiedziałam, że rozłąka fatalnie podziałała na moją siostrę. Sądziła, że już nie wrócę, a myśl, że zostanie całkiem sama, doprowadziła do utraty nadziei. W języku obozowym stała się muzułmanką, zombi, kimś, kto nie miał już w sobie dość ducha, żeby walczyć o życie.

Przez pierwsze dwa tygodnie mojego pobytu w szpitalu Miriam nie chodziła do laboratorium. Trzymano ją w odosobnieniu; cały czas była pilnowana przez strażników z SS. Z początku nie wiedziała, co się ze mną dzieje, ale musiała wyczuć, że nasi oprawcy na coś czekają. Kiedy wbrew oczekiwaniom Mengelego nie umarłam, Miriam zabrano do laboratorium, gdzie dostała wiele zastrzyków, po których fatalnie się czuła. Te zastrzyki zahamowały wzrost jej nerek, które już na zawsze pozostały w rozmiarze typowym dla wieku dziesięciu lat. Nigdy się nie dowiedziałam, jaki był cel tego eksperymentu na mojej siostrze.

Dowiedziałam się natomiast, że Mengele planował moją śmierć na skutek choroby, którą mi wszczepił. Doktor Miklos Nyiszli, żydowski więzień i patolog, jako naoczny świadek napisał i opublikował relację z tego, jak Mengele rutynowo zlecał patologom wykonywanie autopsji bliźniąt, których śmierć dzieliły tylko godziny, gdyż dawało to okazję do porównania skutków choroby w zdrowym i chorym ciele, które pod innymi względami były identyczne. Gdybym zmarła wtedy w szpitalu, Miriam zabrano by do laboratorium i uśmiercono zastrzykiem chloroformu w serce. Równoczesne sekcje zwłok umożliwiłyby porównanie moich dotkniętych chorobą organów z jej zdrowymi. Gdyby te organy miały jakąś wartość naukową, Mengele zbadałby je osobiście, a następnie przesłał do Instytutu Antropologicznego w Berlinie-Dahlem, w paczce opisanej jako „materiał o znaczeniu wojennym – pilne".

Jednak ja, dziesięcioletnia dziewczynka, wygrałam z doktorem Mengele, przeżywając jego eksperyment. Teraz ode mnie zależało, czy moja siostra dojdzie do siebie. Nie mogłam jej stracić. To było oczywiste. Odpowiedź na pytanie, jak osiągnąć zamierzony cel, była już znacznie trudniejsza.

Rozdział siódmy

W Auschwitz-Birkenau nigdy nie wiedzieliśmy, co przyniesie jutro. Każdy dzień stanowił nowe wyzwanie, jeśli chciało się przeżyć. Miriam była bardzo chora, dolegało jej coś jeszcze poza nieustającą biegunką z powodu dyzenterii. Choć cierpieli na nią dosłownie wszyscy, mnie nie wyłączając, Miriam straciła chęć do życia. Musiałam znaleźć jakiś sposób, żeby ją podnieść na duchu. Jednym z powodów jej fatalnego samopoczucia były zastrzyki, które otrzymała pod moją nieobecność.

W obozie mówiono, że ziemniaki mogłyby nas wzmocnić i uleczyć biegunkę. W Auschwitz ludzie „organizowali" wszystko, czego potrzebowali do przeżycia, i uważali taką działalność za chwalebną. Problem polegał na tym, że wcześniej nigdy w życiu niczego nie ukradłam, poza jedną rzeczą: kubkiem.

Raz, w drodze pod prysznic, kiedy maszerowałyśmy piątkami, zbliżyłyśmy się do sterty garnków i patelni. Przesunęłam się ze swego miejsca w środku szeregu na zewnątrz.

Wyskoczyłam z kolumny, złapałam kubek, upchnęłam pod luźną górą sukienki i pomaszerowałam dalej jakby nigdy nic. Jeśli nawet towarzyszący nam strażnik coś widział, to się nie odezwał.

Plotka głosiła, że każda osoba przyłapana na kradzieży zostanie powieszona, tak samo jak ci, którzy próbowali uciec. Naziści już wcześniej kazali nam patrzeć na takie egzekucje; kazali nam się dobrze przyjrzeć, co nas czeka, jeśli zechcemy kraść albo wydostać się z obozu. Pamiętam, że pomyślałam wówczas: „Jasne, życie tutaj jest takie cudowne. Czemu, u licha, mielibyśmy uciekać?". Postanowiłam za wszelką cenę zdobyć trochę ziemniaków, żeby pomóc Miriam w wyzdrowieniu. Nie wiedziałam, co ze mną będzie, jeśli się na to odważę, ale zdawałam sobie sprawę, że konsekwencją może być śmierć. Drewniana szubienica stała przed blokiem numer 11. Nawet jeśli właśnie to mnie czekało w przypadku złapania na kradzieży, dla Miriam musiałam podjąć ryzyko. Nie mogłam pozwolić jej umrzeć.

Inne bliźniaczki z naszego baraku gotowały ziemniaki nocą, więc zapytałam je, gdzie mogłabym i ja ich trochę dostać. Powiedziały mi, że jedynym takim miejscem jest kuchnia, więc zgłaszałam się na ochotnika do roznoszenia posiłków. To oznaczało, że wraz z drugim dzieckiem będę ciągnąć kocioł z zupą, wielki jak studwudziestolitrowy kubeł na śmieci, z kuchni, która znajdowała się na końcu obozu, do naszego baraku. Samo dojście tam zajmowało około dwudziestu minut, a targanie ciężkiego, wypełnionego płynem baniaka musiało trwać jeszcze dłużej. Za pierwszym razem nie zostałam wybrana. Następnego dnia znów się zgłosiłam i wysłano mnie wraz z inną dziewczynką po zupę – wodnistą ciecz, w której czasem pływały kawałki ziemniaków.

Od razu po wejściu do kuchni zwróciłam uwagę na długi metalowy stół zastawiony różnymi naczyniami. Pod spodem dostrzegłam dwa worki ziemniaków. Przez moment się wahałam. Gdyby mnie złapali, mogłam stracić życie, ale gdybym nie spróbowała, to Miriam mogła umrzeć.

Schylona rozejrzałam się, żeby sprawdzić, czy ktoś na mnie patrzy. Serce mi waliło tak mocno, że czułam pulsowanie w uszach. Sięgnęłam do worka i szybko wyjęłam dwa ziemniaki. Ktoś chwycił mnie za głowę i pociągnął w górę. To była pracownica kuchni, gruba więźniarka w pasiastej chustce na włosach.

– Nie wolno tego robić! – wykrzyczała mi w twarz.

– Czego, proszę pani? – Patrzyłam na nią szeroko otwartymi oczami, udając niewinną.

– Nieładnie jest kraść. Odłóż to na miejsce.

Wrzuciłam ziemniaki z powrotem do worka. Spodziewałam się, że natychmiast zawloką mnie na szubienicę, ale nic takiego nie nastąpiło. Omal nie wybuchnęłam śmiechem, kiedy zrozumiałam, że jedyną karą była połajanka. W tym momencie pojęłam, że jako bliźniaczki byłyśmy pod swego rodzaju ochroną – nikt nie ośmielił się umyślnie nas skrzywdzić, dopóki Mengele potrzebował nas żywych. A potrzebował nas, żeby kontynuować swoje eksperymenty.

Mimo wszystko martwiłam się, że pracownica kuchni doniesie o moim wykroczeniu blokowej i nie pozwolą mi więcej chodzić po jedzenie. Jednak następnego dnia także się zgłosiłam i znów zostałam wybrana.

Tym razem łatwiej mi było „zorganizować" ziemniaki bez narażania się na przyłapanie. Nie denerwowałam się już tak jak poprzednio, bo wiedziałam, że w najgorszym razie mogę zostać obsztorcowana.

Zbliżywszy się do worków z ziemniakami, szybko przełożyłam trzy sztuki za pazuchę. Tym razem nikt nie zauważył. Udało się! Ta garstka ziemniaków była największym skarbem, jaki kiedykolwiek posiadałam. Nie mogłam się doczekać wieczora.

Wszelkie nielegalne czynności, takie jak gotowanie, musiały się odbywać nocą, kiedy blokowa i jej pomocnica spały już w swoich małych izbach przy wejściu do baraku. Jedna z dziewczynek przyniosła kilka kawałków drewna, które „zorganizowała" w ciągu dnia. Rozpaliłyśmy nimi w piecu, który znajdował się na końcu ceglanej ławy biegnącej przez środek baraku. Ktoś stanął przy zamkniętych drzwiach do pokoju blokowej, na wypadek gdyby się obudziła. Inne dziewczynki pełniły straż przy wejściu i tupały, jeśli ktoś się zbliżał do baraku. W ciemności zmieniałyśmy się przy piecu.

Ugotowałam swoje ziemniaki we własnym kubku, razem z łupiną i ziemią! A potem miałyśmy z Miriam ucztę. Jadłyśmy te ziemniaki bez soli czy masła, a i tak smakowały nam jak najbardziej wyszukane frykasy. Rozgrzały nas i podniosły na duchu. Chętnie oddałabym Miriam wszystkie, ale byłam wygłodniała, a potrzebowałam siły, żeby zadbać o nas obie.

Od tamtej pory codziennie zgłaszałam się do noszenia zupy, ale przydzielano mi tę funkcję najwyżej raz lub dwa razy w tygodniu. Jednak radziłam sobie coraz lepiej z „organizowaniem" i przy każdym wyjściu brałam więcej ziemniaków, niż potrzebowałyśmy na jeden posiłek, i dzięki temu mogłyśmy odbywać ziemniaczaną ucztę trzykrotnie w ciągu tygodnia.

Czasami nocą zakradała się do nas pani Csengeri i gotowała ziemniaki, które „zorganizowała" dla swoich bliźniaczek. Gdy tylko jedna osoba kończyła gotowanie, jej miejsce przy piecu zajmowała następna. Utworzyłyśmy coś w rodzaju małego zespołu i zawsze wystawiałyśmy kogoś na czatach, żeby nas nie przyłapano.

Każdy znał system i zasady. Mimo iż wszystkie byłyśmy chude jak szkielety, a głód przypominał nam, że jeszcze żyjemy, nikt nikomu nie próbował zabierać jedzenia.

Ziemniaki, które przyniosłam Miriam, podziałały jak lekarstwo. Odzyskała siły i chęć do walki o przeżycie. Mogę powiedzieć, nie raniąc przy tym jej uczuć, że gdyby nie ja, moja siostra by wówczas umarła. Natomiast mnie samej opieka nad siostrą dodała odwagi i pomogła stać się twardszą i bardziej wytrzymałą. Jako bliźniaczki trzymałyśmy się razem. Jako siostry polegałyśmy na sobie nawzajem. Jako rodzina nie miałyśmy zamiaru się poddać.

W Auschwitz umrzeć było bardzo łatwo. Przetrwanie wymagało ciężkiego, nieustającego wysiłku.

Rozdział ósmy

Kiedy lato 1944 roku przeszło w jesień, sytuacja zaczęła się zmieniać. Coraz więcej samolotów z rykiem przelatywało nad obozem, bombardując kwatery nazistowskiego dowództwa i fabryki. Czasami zdarzały się w ciągu jednego dnia dwa albo trzy naloty. Choć nie mieliśmy radia ani innego źródła wiadomości, wiedzieliśmy, że ci dobrzy nadchodzą, żeby nas uwolnić. Musiałam do ich nadejścia utrzymać przy życiu moją siostrę bliźniaczkę i siebie. Dbanie o życie Miriam uważałam za swoją misję i obowiązek. Jednak warunki w obozie bynajmniej się nie poprawiły. Pod pewnymi względami były nawet gorsze niż wcześniej.

Późnym wieczorem siódmego października obudził nas huk potężnej eksplozji. Wyły syreny. Psy ujadały. Co się działo? Później się okazało, że Żydzi z Sonderkommando (zmuszeni do palenia ciał swoich współtowarzyszy niedoli) zbuntowali się i wysadzili krematorium numer IV w Birkenau. Użyli środków wybuchowych przeszmuglowanych do obozu przez żydowskie dziewczęta, które pracowały w fabryce amunicji. Mężczyźni z Sonderkommando postanowili raczej zginąć w walce, niż umrzeć w komorze gazowej. Chcieli się zemścić za śmierć krewnych i przyjaciół.

Krążyły plotki, że gdy siły alianckie – amerykańskie, brytyjskie i radzieckie – znajdą się bliżej, SS pozabija wszystkich więźniów w obozie. Niemniej jednak doktor Mengele kontynuował swoje eksperymenty, nie tracąc nadziei na dokonanie jakiegoś ważnego naukowego odkrycia.

W tamtym czasie nie wiedzieliśmy, że Mengele otrzymał od naczelnego dowództwa rozkaz „zlikwidowania" obozu cygańskiego, w którym przetrzymywano ponad dwa tysiące więźniów, głównie kobiet i dzieci. Mengele wprawdzie próbował zachować Cyganów do swoich badań, ale wypełnił rozkaz. Zostali zabrani do komór gazowych na śmierć, a potem spalono ich ciała.

Miriam, mnie i wszystkie inne bliźniaczki z naszego baraku przeprowadzono z naszego obozu do obozu cygańskiego, obecnie pustego. Poprzedni mieszkańcy zostawili koce i kolorowe malunki na ścianach. Nie wiedziałyśmy, dlaczego naziści nas przenieśli, ale obóz cygański znajdował się blisko komory gazowej i krematorium, a chodziły słuchy, że my zostaniemy zagazowane jako następne.

Pierwszego dnia wyszłyśmy na apel i stałyśmy w chłodzie od piątej rano do czwartej po południu; padał śnieg, osiadający na ziemi białymi plamami. To był najdłuższy apel, w jakim brałyśmy udział, a trwał tak długo, ponieważ brakowało jakiegoś więźnia. Cuchnące wyziewy krematorium wisiały w powietrzu, gęste, zmieszane z mgłą. Stopy miałam zmarznięte na kość, podobnie jak Miriam. Nigdy się nie dowiedziałyśmy, dokąd uciekł ten więzień.

Przez następnych kilka tygodni mieszkałyśmy w obozie cygańskim, w cieniu krematorium, w bezustannym lęku, że zginiemy. Nie wiadomo, dlaczego tak się nie stało. Może zostałyśmy oszczędzone z powodu rozkazów z Berlina nakazujących zaprzestanie gazowania Żydów. Naziści musieli już wówczas wiedzieć, że przegrywają wojnę. Może chcieli ukryć dowody swoich okrucieństw.

A potem, na początku stycznia 1945 roku, esesmani zaczęli wyganiać ludzi z baraków i zmuszać do wymarszu z obozu.

– *Raus! Raus!* Wychodzić! Wychodzić! – krzyczeli. – Wszyscy wychodzić! Zabieramy was stąd, żeby was chronić. – Słyszałyśmy, że tysiące ludzi są przemieszczane w głąb Niemiec.

– Nie zamierzam opuszczać baraku – powiedziałam do Miriam. – Nigdzie nie pójdę. – Domyślałam się, że skoro naziści nie byli dla nas szczególnie mili, kiedy wygrywali wojnę, to z pewnością nie będą milsi, kiedy ją przegrywają. Zostałyśmy.

Ku memu zaskoczeniu nikt po nas nie przyszedł. Nazistom tak się śpieszyło z wypędzaniem ludzi na zewnątrz, że nie zadali sobie trudu sprawdzenia wszystkich baraków. Niektóre inne pary bliźniaczek zostały razem z nami, również pani Csengeri i jej córki. Wtedy nie wiedziałam, że wielu więźniów postąpiło tak jak my.

Następnego dnia rano nie było apelu. Odkryłyśmy, że naziści zniknęli… a przynajmniej takie można było odnieść wrażenie. Nigdzie nie widziałyśmy strażników, esesmanów ani doktora Mengele.

Cóż to była za radość i szczęście! Naziści uciekli! Byliśmy sami. Cały czas szukałam jedzenia, wody i koców, żeby utrzymać przy życiu siostrę i siebie.

Jeden z więźniów wyciął otwór w drucie kolczastym, tak że mogliśmy przechodzić z jednej części obozu do drugiej. Poszłam wraz z dwiema innymi dziewczynkami na poszukiwania; sprawdzałyśmy po kolei różne miejsca. Bardzo potrzebowałam butów, bo wciąż nosiłam te zabrane z domu, w których przyjechałam do Auschwitz. Oderwane podeszwy kłapały, więc przywiązywałam je sznurkiem, ale to mocno utrudniało chodzenie. Buty Miriam były w lepszym stanie, ponieważ zwykle zostawała w baraku pilnować naszego skromnego dobytku, podczas gdy ja chodziłam „organizować" różne rzeczy.

Poszłyśmy do magazynów, gdzie naziści trzymali ubrania, buty i koce odebrane więźniom. Był to wielki budynek nazywany przez nazistów „Kanadą", może dlatego, że postrzegali Kanadę jak kraj wielkiej obfitości? Sterty rozmaitych dóbr piętrzyły się aż po sufit. Przymierzałam but za butem, ale nie mogłam znaleźć takich, które by pasowały na moje nogi, więc w końcu wybrałam parę o dwa numery za dużą. Wypchałam czubki kawałkami szmaty i przewiązałam sznurkiem. Przynajmniej było mi wreszcie ciepło w nogi. Chwyciłam kilka płaszczy i koców i zabrałam ze sobą do baraku, gdzie służyły nam za okrycie.

Któregoś popołudnia udałam się do kuchni, żeby „zorganizować" coś do jedzenia. Było tam już kilkoro dzieci i dorosłych; tak samo jak my pozostali w obozie i przyszli się pożywić.

Trzymając cztery lub pięć bochenków chleba w rękach, usłyszałam dziwny odgłos, jakby warkot silnika. „Nazistów już nie ma, więc czyj to może być samochód?", zdziwiłam się. Wybiegliśmy wszyscy z kuchni, żeby to sprawdzić. Z terenowego wozu wyskoczyli czterej Niemcy z karabinami maszynowymi i zaczęli puszczać serie we wszystkich kierunkach.

Pamiętam, że zobaczyłam lufę mierzącą w moją głowę z odległości najwyżej półtora metra i zemdlałam.

Kiedy się ocknęłam, sądziłam, że nie żyję. Wszędzie wokół mnie leżały ciała.

„Aha, czyli wszyscy zginęliśmy", pomyślałam. Następnie poruszyłam rękami. A potem nogami. Dotknęłam osoby leżącej obok mnie, ale ona nawet nie drgnęła. Ciało było zimne. Aha! Ona zginęła, ale ja żyłam!

Wstałam, przepełniona wdzięcznością za zachowanie życia. Pomyślałam, że to z pewnością dzięki Aniołowi Stróżowi zemdlałam, nim dosięgła mnie kula, bo przecież nie miałam czasu się zastanowić ani tym bardziej czegokolwiek zrobić, żeby się ratować.

Pognałam do baraku ile sił w nogach.

– Miriam?! – zawołałam, wpadając do środka.

Była tam, gdzie ją zostawiłam.

– Co się stało? – spytała, patrząc na mnie oczyma wielkimi ze strachu.

– Niemcy wrócili! – oznajmiłam, dodając: – Ciekawe po co? O mało mnie nie zabili! – Opowiedziałam jej, co się stało i jak bardzo się przestraszyłam. – Nie mamy chleba. Tak się bałam, że myślałam tylko o ucieczce.

– Och, Evo, a gdyby cię zabili?

Nie rozmawiałyśmy o tym, co by było, gdyby, tylko przytuliłyśmy się do siebie mocno.

Jeszcze tej samej nocy obudził nas dym i gorąco. Z dachu spływały płomienie, czułyśmy żar bijący od ścian. Barak płonął! Chwyciłyśmy nasze rzeczy i wybiegłyśmy na zewnątrz. Naziści wrócili do obozu, już całkiem jawnie, prawdopodobnie po to, żeby zniszczyć dowody swych zbrodni.

Czerwona łuna pożaru zasnuwała niebo jak okiem sięgnąć. Esesmani wysadzili krematorium i budynek zwany Kanadą. Koszule i sukienki latały w powietrzu razem z iskrami i popiołem. Alianci atakowali, zrzucając bomby, miało się wrażenie, że cały świat płonie.

Tysiące ludzi wyległy z nieprzebranych rzędów baraków. Ci sami esesmani, których widziałam przed kuchnią, ustawili nas w kolumnę do marszu.

– Kto nie będzie szedł szybko, zostanie zastrzelony! – wrzasnął jeden ze strażników. Na potwierdzenie groźby strzelił na oślep w tłum.

– Miriam, trzymaj się mnie – szepnęłam. Nie wiedziałyśmy, dokąd idziemy. Mocno ściskałam rękę siostry. Stopniowo przemieściłyśmy się w środek grupy. Tak było bezpieczniej niż na przodzie czy z tyłu, gdzie mogłyśmy zwrócić na siebie niepotrzebną uwagę. Poza tym gdyby zaczęli strzelać, lepiej żeby otaczali nas ludzie.

Tłum pociągnął nas ze sobą; szturchane i popychane miałyśmy trudności z utrzymaniem się pośrodku kolumny. Prowadzący nas strażnicy z SS raz po raz strzelali na oślep. Ciała padały na ziemię wokół nas, a my bałyśmy się coraz bardziej. Wszystkie dzieci i starsi, którzy nie zostali wyprowadzeni w poprzednich kolumnach z obozu, znajdowali się w tym tłumie. Później się dowiedziałyśmy, że tamtej nocy wyszło z Birkenau osiem tysięcy dwieście osób, łącznie z nami. W ciągu godziny tysiąc dwieście z nich zostało zabitych w drodze. Tylko siedem tysięcy dotarło do baraków w obozie macierzystym.

Pchane przez napierający tłum w końcu znalazłyśmy się w Auschwitz. Nadal panowała noc, lecz ceglane zabudowania były jasno oświetlone. Nie wiedząc, co ich czeka, ludzie z kolumny parli naprzód, żeby się dostać do piętrowego budynku; my z Miriam też ruszyłyśmy biegiem, żeby się tam schronić.

Esesmani w niewyjaśniony sposób znowu gdzieś zniknęli.

A ja w zamęcie straciłam z oczu swoją siostrę. Nie pamiętam, jak to się stało.

– Miriam?! – wołałam. – Miriam! Miriam! Gdzie jesteś?

Kręciłam się wokół własnej osi. Nigdzie jej nie widziałam!

Zaczęła mnie ogarniać panika, serce łomotało mi w piersi, nie mogłam złapać oddechu, twarz mnie paliła mimo chłodu. Rozglądałam się uparcie, choć łzy strachu zasnuwały mi wzrok.

A jeśli Miriam znajdzie się w innym bloku?

A jeśli ją gdzieś wywiozą?

A jeśli zostanie ranna?

Jeśli zginie? Kto mi o tym powie?

A jeśli już nigdy jej nie zobaczę?

Wyszłam na zewnątrz i czasem idąc, czasem biegnąc, sprawdzałam inne bloki, jeden po drugim, cały czas nawołując siostrę po imieniu.

– Miriam! Miriam! Miriam!

Pytałam każdego, kogo tylko się dało, czy widział dziewczynkę wyglądającą tak samo jak ja.

– Nazywa się Miriam. Miriam Mozes. Proszę, błagam. Widzieliście dziewczynkę o imieniu Miriam?

Jacyś poczciwi ludzie musieli dostrzec moją rozpacz, moją panikę, bo przyłączyli się do mnie i też zaczęli wołać:

– Miriam Mozes! Miriam Mozes!

Jednak niezależnie od tego, dokąd poszłam, gdzie szukałam i jak głośno krzyczałam, nie mogłam jej znaleźć.

Po jakimś czasie, nie słysząc odzewu, ludzie przestali mi pomagać.

– Szukaj dalej – radzili mi, spoglądając z litością, tak wyczerpani, że ledwo powłóczyli nogami. – Musi tu gdzieś być.

– Miriam! Miriam! – Przerwy w moich nawoływaniach nie trwały dłużej niż pół minuty.

W oczach niektórych ludzi widziałam współczucie, inni zachowywali obojętność, nic ich nie obchodziłam. Wielu z nich miało dość, nie zostało w nich ani odrobiny zrozumienia dla bliźnich. „No i co z tego, że szukasz siostry? Wielkie mi halo! Ja nie mam nikogo".

Chciałam krzyczeć, że Miriam jest dla mnie kimś więcej niż siostrą. Jest moim drugim ja. Jesteśmy od siebie zależne, jedna bez drugiej nie przetrwa! Nie mogłam jednak poświęcać czasu tym nieszczęsnym istotom. Musiałam ją odnaleźć.

Nie ustawałam w poszukiwaniach.

– Miriam! Miriam! – krzyczałam, coraz bardziej chrapliwym, coraz słabszym głosem. Byłam głodna i zmęczona. Nie usiadłam jednak, żeby odpocząć, tylko przerażona wędrowałam od budynku do budynku. Z każdej strony widziałam wycieńczonych ludzi w nędznych pasiakach. Było ich tak wielu, że nie mogłam się porządnie rozejrzeć. Wszyscy wydawali mi się tacy sami, bo nie byli Miriam. Co się mogło z nią stać? W jednym momencie, szukając schronienia, zostałyśmy rozdzielone! Co się stało?

Powłócząc nogami z wyczerpania, szłam dalej. Nie pozwalałam sobie na myślenie o tym, jaka jestem głodna, o tym, że boli mnie brzuch, że wyschnięty język przykleja mi się do podniebienia. To wszystko nie miało znaczenia.

– Miriam! Miriam Mozes! Miriam!

Godziny, minuty, sekundy nakładały się na siebie, panika mąciła mi zmysły. Prowadziłam poszukiwania od dwudziestu czterech godzin. I nie znajdowałam Miriam! Nie mogła tak po prostu zniknąć. Nie przyjmowałam tego do wiadomości. Więc gdzie się podziała?

Odrętwiała ze zmęczenia i rozpaczy potknęłam się, przestępując kolejny próg.

– Miriam! Miriam Mozes! Mir...

Wpadłam na osobę mojego wzrostu.

– Przepraszam! – Uchyliłam się, by ją wyminąć... i w tym momencie rozpoznałam Miriam.

– Miriam! Miriam! – Padłyśmy sobie w ramiona. – Gdzie ty byłaś? Szukałam cię i szukałam! Co się stało?

– To ja ciebie szukałam! – odpowiedziała mi siostra. – Co się z tobą stało?

Obejmowałyśmy się i całowały. Nie zwalniając uścisku, osunęłyśmy się na podłogę, żeby odpocząć.

– Evo, gdzie ty byłaś? – spytała mnie siostra przez łzy. – Zrobiłyśmy wielki błąd, że pobiegłyśmy. Myślałam, że już nigdy więcej cię nie zobaczę.

– Nie. Nie mogłam o tym myśleć. Musiałam cię znaleźć! – powiedziałam z uporem. A potem się przyznałam: – Byłam w rozpaczy.

Znów ją objęłam, czułam się, jakby była Chanuka. Zdarzył się cud!

Nigdy wcześniej nie doświadczyłam uczucia tak wielkiej ulgi i miłości. Odchyliłam się, żeby spojrzeć w wychudłą twarz siostry, po czym znów mocno ją objęłam. Te dwadzieścia cztery godziny poszukiwań ciągnęły się dla mnie w nieskończoność. Im mocniej ją tuliłam, tym większą miałam pewność, że już nic nigdy nas nie rozdzieli.

– Tak się cieszę, że cię znalazłam – oznajmiłam z czułością.

– Spójrz! – Miriam wyciągnęła rękę. Trzymała w niej kawałek czekolady. – Ktoś mi to dał, kiedy cię szukałam.

Wytrzeszczyłam oczy z wrażenia.

Przełamałam na pół czekoladę, którą Miriam mi podała, i zjadłyśmy ją w tej najsłodszej ze wszystkich chwil.

– Od tej pory zawsze trzymaj mnie za rękę – upomniałam siostrę. – Nigdy nie puszczaj.

Miriam pokiwała głową.

– Tak, nigdy więcej nie możemy dać się rozdzielić.

– To jest nasz szczęśliwy blok! – stwierdziłam.

– No to się tu trochę prześpijmy – zaproponowała Miriam, opierając się o ścianę... – Jestem taka zmęczona.

Trzymając się mocno za ręce, wsparte o siebie nawzajem, zamknęłyśmy oczy. Niezależnie od tego, co nas czekało, wiedziałyśmy, że mamy siebie.

Rozdział dziewiąty

Przez następne dziewięć dni byłyśmy z Miriam zdane na siebie, podobnie jak cała reszta więźniów. Zostałyśmy w naszym szczęśliwym bloku z innymi parami bliźniaczek i dorosłymi kobietami. Moim codziennym obowiązkiem było zdobycie pożywienia dla Miriam i dla siebie. Miriam miała odmrożone stopy po tamtym długim apelu w obozie cygańskim, więc w czasie gdy ja wyprawiałam się „organizować" z dwiema innymi dziewczynkami, ona pilnowała naszych koców i misek.

We trójkę zakradałyśmy się do magazynów i budynków, gdzie mieszkali wcześniej esesmani. Dwukrotnie poszłyśmy do komendantury, ładnego domu z ładnymi meblami. Wcześniej nie wiedziałam, że w ogóle istniało takie miejsce – luksusowa siedziba w samym środku obozu zagłady.

Zobaczyłyśmy na stole jedzenie, które wyglądało na bardzo smakowite. Sprawiało wrażenie świeżo przyrządzonego. W istocie wyglądało aż za dobrze; dziwiłam się, dlaczego Niemcy zostawili takie rarytasy. Czyżby było z nimi coś nie tak? W powodowanym głodem odruchu sięgnęłam na stół i już miałam zjeść to, co wzięłam, ale w ostatniej chwili się rozmyśliłam. Później ludzie z obozu powiedzieli mi, że naziści specjalnie zostawili zatrute jedzenie, żeby tacy jak ja przypłacili poczęstunek życiem.

Innym razem znalazłyśmy ogromny pojemnik z kiszoną kapustą. Najadłyśmy się jej, a że nie było wody ani śniegu, który można by stopić, popiłyśmy sokiem z kapusty. Z kuchni wzięłyśmy chleb. To była dla nas uczta.

Do tego czasu nabrałyśmy doświadczenia w zdobywaniu pożywienia. Udało mi się „zorganizować" kwadratową chustkę, która stała się naszym najcenniejszym narzędziem. W piwnicy znalazłyśmy wielką stertę mąki. Rozprostowałam moją chustkę i napełniłam ją mąką. Później wymieszałyśmy mąkę z jakimś płynem i upiekłyśmy placek w piecu na blasze. Wyszło coś w rodzaju przaśnego chleba, jaki Żydzi jedli, gdy – według Biblii – musieli w pośpiechu opuszczać Egipt i nie mieli czasu czekać, aż chlebowe ciasto wyrośnie. To była obozowa maca paschalna.

Nadal brakowało nam jedzenia. Pamiętam, że patrząc na siostrę, myślałam: „Jest chuda jak szkielet. Czy ja też tak wyglądam?". Wszystko, co nam wpadło w ręce, pochłaniałyśmy natychmiast i w całości. Nie było żadnego zostawiania resztek na później. Nie wiedziałyśmy wówczas, że napychanie się w naszym stanie wygłodzenia jest niebezpieczne. Niektóre z dziewczynek zaczęły cierpieć na wzdęcia, a jedna z moich najlepszych wspólniczek od „organizowania" umarła z przejedzenia.

Jednego ranka wyruszyłam z parą innych bliźniaczek nad Wisłę, płynącą niedaleko od obozu. Uzbrojone w kilka butelek i pojemników zamierzałyśmy rozbić lód, a następnie wsuwać butelki w przerębel i napełniać je świeżą wodą.

Stojąc na brzegu, dostrzegłam po drugiej stronie rzeki dziewczynkę w moim wieku. Miała włosy splecione w warkocz, ładną, czystą sukienkę i płaszczyk. Po tornistrze na jej plecach domyśliłam się, że idzie do szkoły.

Skamieniałam. Nie mogłam uwierzyć, że wciąż istnieje świat, w którym ludzie są czyści, a dziewczynki ubrane w ładne sukienki, ze wstążkami w warkoczach, chodzą do szkoły! Kiedyś ja też byłam taką dziewczynką w ładnym ubraniu, z włosami związanymi wstążką, i chodziłam do szkoły. Aż do tamtego momentu nad rzeką sądziłam, że wszyscy trafili do obozów koncentracyjnych, tak jak my. Nagle sobie uświadomiłam, że jest inaczej.

Dziewczynka przyglądała mi się uważnie. Opuściłam wzrok na swoje postrzępione ubranie, na którym roiły się wszy, na płaszcz i buty za duże na mnie o kilka rozmiarów. Byłam głodna, z wielkim trudem musiałam zdobywać jedzenie i wodę. Nie wiem, co ona myślała, ale kiedy znów na nią spojrzałam, poczułam, jak wzbiera we mnie gniew. Czułam się zdradzona. Nie zrobiłyśmy z Miriam nic złego! Byłyśmy takimi samymi niewinnymi dziećmi jak ona. Dlaczego więc musiałyśmy walczyć o przetrwanie w strasznych warunkach, podczas gdy ona stała tam sobie taka ładna i czysta i prowadziła zupełnie normalne życie? Wydało mi się to takie niesprawiedliwe, takie niepojęte. Ale każda z nas była tam, gdzie była: ona po jednej, ja po drugiej stronie.

Po chwili, która wydała mi się bardzo długa, dziewczynka poprawiła tornister na plecach i odeszła.

Odprowadziłam ją wzrokiem, a potem gapiłam się na puste miejsce, gdzie wcześniej stała. Nie rozumiałam tego, nie potrafiłam zrozumieć.

Nagłe burczenie w brzuchu przypomniało mi o głodzie i pragnieniu. Znalazłam gruby kij i zaczęłam nim ze złością walić w lodową skorupę na rzece, dopóki dziura nie zrobiła się odpowiednio duża. Zanurzyłam butelkę w marznącej wodzie, poruszyłam nią lekko na boki i patrzyłam na bąbelki powietrza uciekające przez szyjkę, kiedy napełniała się czystą wodą. Widok dziewczynki z drugiego brzegu wciąż tkwił mi w głowie... razem z pytaniami o świat poza obozem.

Nabrawszy tyle wody, ile tylko się dało, wróciłyśmy, ja i moje towarzyszki, do obozu. Rozpaliłyśmy niewielki ogień i zagotowałyśmy wodę, żeby zabić zarazki. Choć powtarzałyśmy wyprawę nad rzekę jeszcze kilka razy, nigdy więcej nie zobaczyłam tamtej dziewczynki.

Nie mogłyśmy opuścić obozu, ponieważ wszędzie wokół toczyły się walki i poruszanie się po okolicy było niebezpieczne. Artyleria biła na oślep, trafiając każdego, kto znalazł się w polu rażenia. Znajdowaliśmy się pośrodku pola bitwy. Wśród panującego na zewnątrz hałasu i zamętu nauczyłyśmy się unikać ostrzału z broni maszynowej, anonsowanego charakterystycznym „tra-tata-tata". Słysząc przeciągły świst, wiedziałyśmy, że trzeba szukać osłony, bo w naszym kierunku leci bomba. Błyski i zgiełk wystrzałów dochodziły z bunkrów, gdzie esesmani ukryli się po tym, jak nas porzucili.

W tamtym czasie krążyły pogłoski, że cały obóz zostanie wysadzony w powietrze – baraki, komory gazowe i krematoria – żeby zatrzeć ślady nazistowskich zbrodni. SS zmusiło sześćdziesiąt tysięcy więźniów do opuszczenia obozu w marszu śmierci. Ja, Miriam i wiele innych bliźniąt zostaliśmy skupieni w naszym szczęśliwym bloku. Tysiące innych więźniów, zbyt starych i chorych, żeby maszerować, także pozostało na miejscu.

Później się dowiedziałam z relacji naocznego świadka, że wieczorem 18 stycznia 1945 roku doktor Mengele złożył ostatnią wizytę w laboratorium, gdzie wcześniej tak wiele razy nam, bliźniętom, robiono pomiary, zastrzyki czy pobierano krew. Zabrał dwa pudła papierów, zawierające kartoteki około trzech tysięcy bliźniąt, na których dokonywał w Auschwitz eksperymentów, zapakował dokumenty do czekającego samochodu i odjechał z grupą uciekających niemieckich żołnierzy.

Przez mniej więcej dziewięć dni bezustannie słyszałyśmy odgłosy strzelaniny i bombardowań. Głuche „bum-bum-bum" artylerii trzęsło szybami. Z rozmów dorosłych wynikało, że wkrótce zostaniemy oswobodzeni. Wyzwolenie. Nie rozumiałyśmy z Miriam, co to słowo oznacza. Czekałyśmy.

Rankiem 27 stycznia hałasy ucichły. Po raz pierwszy od tygodni panowała zupełna cisza. Miałyśmy nadzieję, że nastąpiło wyzwolenie, ale nie miałyśmy pojęcia, jak ono będzie wyglądać. Wszyscy mieszkańcy bloku stłoczyli się przy oknach.

Padał gęsty śnieg. Do tego dnia widywałam obóz jedynie szary, wszystko – budynki, ulice, ubrania, ludzie – było brudne i szare. W moim umyśle nad obozem cały czas rozpościerał się całun dymu.

Tego dnia późnym popołudniem, gdzieś około piętnastej lub szesnastej, jakaś kobieta przybiegła przed blok i zaczęła krzyczeć:

– Jesteśmy wolni! Jesteśmy wolni! Jesteśmy wolni!

Wolni? O co jej chodziło?

Wszyscy pobiegli do wyjścia. Stanęłam na najwyższym stopniu schodów, wielkie białe płatki spadały z nieba, tak gęste, że nie widziałam dalej niż parę metrów przed sobą. Śnieg padał przez cały dzień i brudną szarość Auschwitz pokryła warstwa bieli.

– Nie widzisz, żeby coś się zbliżało? – spytała któraś ze starszych dziewczynek.

Na przemian mrużyłam i wytrzeszczałam oczy, próbując przebić wzrokiem zasłonę wirujących płatków.

– Nie...

I nagle ich zobaczyłam.

Jakieś siedem metrów od nas z zamieci wyłonili się radzieccy żołnierze; mieli obsypane na biało czapki i ubrania. Szli bez słowa, tylko śnieg chrzęścił im pod butami.

Kiedy się zbliżyli, dostrzegłyśmy, że wyglądają, jakby się uśmiechali. Wpatrywałam się uważnie, próbując odgadnąć, czy to prawdziwe uśmiechy, czy grymas pogardy. Tak, uśmiechali się. Naprawdę. Wezbrała w nas radość i nadzieja. Byłyśmy bezpieczne. Byłyśmy wolne!

Jednocześnie płacząc i śmiejąc się ze szczęścia, podbiegłyśmy do żołnierzy, otoczyłyśmy ich ze wszystkich stron. Z tłumu podniosły się okrzyki:

– Jesteśmy wolni! Jesteśmy wolni! – Zapanowała wrzawa, w której mieszały się odgłosy ulgi, niedowierzania, nieopisanej radości.

Żołnierze, również ze śmiechem, niektórzy ze łzami w oczach, obejmowali nas i ściskali. Częstowali nas ciastkami i czekoladą, przepyszną!

To był nasz pierwszy smak wolności. A ja uświadomiłam sobie, że moja niema przysięga z tamtej pierwszej nocy, kiedy w latrynie postanowiłam, że przetrwam, wyjdę z obozu żywa i z Miriam u boku, właśnie się spełniła.

Rozdział dziesiąty

Zarzuciłam radzieckiemu żołnierzowi ręce na szyję, a on mnie podniósł. Przytuliłam się do niego, nie puszczając ręki stojącej obok Miriam. Wszyscy się ściskali, całowali i wołali:

– Jesteśmy wolni!

Tamtej nocy żołnierze kontynuowali świętowanie wewnątrz budynku. Tańczyli z kobietami, a z mężczyznami pili wódkę prosto z butelek. Wszyscy się śmiali i śpiewali. Nie brakło nawet muzyki: ludzie wybijali rytm, uderzając łyżkami w miski, a do tego ktoś grał na akordeonie. Niektórym dzieciom udzielił się taneczny nastrój, skakały po podłodze, po pryczach, po dorosłych. Nigdy nie widziałam tak radosnej zabawy, zwłaszcza w naszym obozie zagłady.

Siedziałyśmy z Miriam na łóżku, szczęśliwe i rozbawione, obserwując ten jakże wyjątkowy spektakl. A widok był doprawdy niezwykły – ludzie wyrażali swą radość z tego, że żyją.

– Jesteśmy wolni! – podśpiewywałam na głos, kiwając głową w rytm muzyki.

– Tak, koniec z okropną *Pflegerin!*

– Koniec z *Heil, Doktor Mengele!*

– Koniec z eksperymentami!

– Koniec z zastrzykami w ramię!

– Koniec z wieszaniem ludzi!

– Koniec...

Prześcigałyśmy się w wymienianiu wszystkiego, od czego się uwolniłyśmy, za czym z pewnością nie będziemy tęsknić.

– Możemy robić, co chcemy! – powiedziała Miriam z wyrazem zadowolenia na pociągłej buzi.

Zaskoczyła mnie tymi słowami. „Możemy robić, co chcemy".

Patrzyłam na świętujących, ale ich nie widziałam. Słyszałam muzykę i śpiew, ale im się nie przysłuchiwałam.

„Możemy robić, co chcemy. Co tylko chcemy. Jesteśmy wolne".

Przed oczyma stanęły mi obrazy zapamiętane z domu. Odgłosy gospodarstwa niczym echo zabrzmiały mi w uszach: rąbanie drewna, gdakanie kur, ryczenie krów. Niemal poczułam zapach dojrzałych owoców w sadzie. Nie mam pojęcia, jak długo siedziałam zamyślona.

– Co się dzieje, Evo? – Miriam szarpała moim ramieniem, przywołując mnie do rzeczywistości. – Evo! Co jest?

Odwróciłam się i spojrzałam na nią już przytomnie.

– Do domu – powiedziałam. – Chcę jechać do domu.

Miriam spojrzała mi w twarz z powagą.

– Dobrze. Jesteśmy wolne. Jedźmy do domu.

Zgarnęłyśmy swój mizerny dobytek, upychając go pod sobą i w ubraniach. Tej nocy spałyśmy głęboko i spokojnie, bo miałyśmy ustalony plan: zamierzałyśmy jak najszybciej jechać do domu.

Następnego dnia po południu zgromadziło się wokół nas wielu Rosjan. Poprosili Miriam, mnie i wszystkie pozostałe dzieci, w większości bliźnięta, o założenie na ubrania więziennych pasiaków. Jako króliki doświadczalne Mengelego nigdy wcześniej nie nosiłyśmy tych obozowych uniformów. Ja miałam na sobie dwa płaszcze, bo panował okropny ziąb. Pod płaszczami i sukienkami nosiłyśmy z Miriam wszystko, co do nas należało: jedzenie, miski, koce – nasze najcenniejsze skarby.

Szłyśmy w pierwszym szeregu, trzymając się za ręce, kiedy radzieccy żołnierze wyprowadzali nas z budynków między wysokimi płotami z drutu kolczastego. Obok pielęgniarka niosła na rękach małe dziecko. Cały czas filmowały nas wielkie kamery. Patrzyłam na operatora i zastanawiałam się, po co robi nam zdjęcia.

„Jesteśmy gwiazdami filmowymi, czy co?", myślałam. Wszystko to robiło na mnie wielkie wrażenie. Do tej pory widziałyśmy z Miriam tylko filmy z Shirley Temple, na które mama zabierała nas w mieście.

Ku memu zdumieniu, kiedy już przeszłyśmy do końca drogi między płotami, kamerzysta odesłał nas z powrotem do tyłu i kazał maszerować w swoją stronę po raz drugi. Z towarzyszącymi nam zakonnicami, pielęgniarkami i radzieckimi żołnierzami tłum bliźniąt wrócił do baraków, by ponownie odbyć tę samą drogę. Powtarzaliśmy scenę wymarszu kilka razy, dopóki kamerzysta wreszcie nie był zadowolony. Po latach odkryłam, że potrzebował tego materiału do propagandowego filmu pokazującego światu, jak radziecka armia ratowała żydowskie dzieci z rąk faszystów.

W końcu zdołałyśmy, nadal trzymając się za ręce, wyjść z obozu w jednakowych pasiakach. Miriam i ja przeżyłyśmy Auschwitz. Miałyśmy jedenaście lat.

I tylko jedno pytanie: Jak dostaniemy się do domu?

Rozdział jedenasty

Wszędzie wokół nas ludzie przygotowywali się do opuszczenia obozu; po prostu ruszali przed siebie. Nie wiedziałam, w którą stronę powinnyśmy się skierować. Nie wiedziałam nawet tego, w jakim miejscu na ziemi się znajdujemy. W tamtych czasach nie miałam pojęcia, że istnieją państwa takie jak Polska i Związek Radziecki. Chodząc do szkoły w małej rumuńskiej wiosce, nie nauczyłam się niczego o reszcie świata.

Przez następne dwa tygodnie ja i Miriam pozostałyśmy w Auschwitz wraz z wieloma innymi byłymi więźniami. Z początku brakowało nam jedzenia. Udałam się ponownie do piwnicy i napełniłam chustkę mąką.

– *Niet! Niet!* – zawołał do mnie radziecki żołnierz i wystrzelił.

Przestraszona wysypałam mąkę, wybiegłam na zewnątrz i ile sił w nogach pognałam do Miriam. Dopiero później sobie uświadomiłam, że żołnierz nie strzelał do mnie jak naziści, lecz tylko chciał mnie odstraszyć. Rosjanie przejęli władzę nad obozem i próbowali zaprowadzić porządek.

Dzieci na samym przodzie to Eva (z lewej) i Miriam (z prawej).

Eva i Miriam w Auschwitz, 1991 rok.

Eva i Miriam jako licealistki w Kluż.

Rodzina Csengerich po wojnie. Rodzice, Rosie i Zvi, stoją w środku, bliźniaczki Yehudit i Lea po bokach, a syna Michaela ojciec trzyma na rękach.

Eva doi krowę.

W górnym rzędzie (od lewej): Eva, Mickey Kor, bratanica Mickeya Miri, brat Szlomo, bratowa Sara. Z przodu bratanek Mickeya AuShalom.

Rina Kor (trzyma dokument), Alex Kor, Eva Mozes Kor oraz dr Hans Münch w Auschwitz w 1993 roku podpisują swoje oświadczenia.

Eva ogląda niewykorzystane probówki z substancjami używanymi w eksperymentach. Zawartość fiolek jest nieznana, nigdy nie zostały otwarte ani zbadane.

Nie przypominam sobie, żebym potem jeszcze „organizowała" żywność. Rosjanie karmili nas zupą z fasolą, bardzo smaczną. Jak zaczęłyśmy z Miriam jeść, to nie mogłyśmy przestać, ale ponieważ wiedziałyśmy już, że przejedzenie może nam zaszkodzić, pilnowałyśmy się nawzajem. Nie chciałyśmy umrzeć z przejedzenia, jak inne znane nam bliźniaczki.

Kilka tygodni później wreszcie opuściłyśmy obóz. Zabrano nas wozem ciągniętym przez konia do sierocińca mieszczącego się w pewnym klasztorze w Katowicach. Potem się okazało, że za tym przedsięwzięciem stali Rosjanie, którzy współpracowali z Czerwonym Krzyżem i organizacjami pomagającymi żydowskim uchodźcom.

Po przybyciu do klasztoru zabrano nas do miejsca, gdzie miałyśmy zamieszkać. Byłam zszokowana – dostałyśmy z Miriam własny, ładny pokój. Stały w nim dwa łóżka z czystą białą pościelą! Nie widziałam białej pościeli od prawie roku. Czułam się dziwnie, jakby nie na swoim miejscu. Nikt nie zadał sobie trudu, żeby nas wykąpać, byłyśmy brudne i zawszone. Nie potrafiłabym spać na czystym łóżku.

Długo gapiłam się na tę pościel. Tamtego wieczoru ściągnęłam ją z łóżka i położyłam się na gołym materacu. Nie chciałam wszystkiego ubrudzić, wydawało mi się to niedopuszczalne.

Zakonnice umieściły w naszym pokoju również piękne zabawki, co tylko mnie rozzłościło. Zabawki były odpowiednie dla dzieci. Miałam jedenaście lat, ale nie umiałam się już bawić. Potrzebowałam ciepła i czułej opieki. W Auschwitz toczyłam walkę o utrzymanie siebie i Miriam przy życiu.

Teraz pragnęłam jedynie wrócić do domu. Zakonnice nie wiedziały, co z nami robić. Uważały nas za sieroty.

Przemówiłam w imieniu Miriam i swoim:

– Jesteśmy bliźniaczkami. To jest Miriam, a ja jestem Eva Mozes. Nasz ojciec ma na imię Aleksander, a matka Jaffa. Pochodzimy z Portz. – Odzywałyśmy się do nich po węgiersku, ponieważ nie znałyśmy polskiego, więc tłumacz przekazywał im, co mówimy. Rozmowa trwała bardzo długo.

– Gdzie są wasi rodzice? – pytały zakonnice.

– Nie wiem.

– Kto się wami zaopiekuje?

– Nie wiem. Chcemy jechać do domu – powtarzałam.

– Dzieci nie mogą być puszczone samopas, jeśli nie mają rodziców – powiedziały zakonnice.

– Ale my mamy rodziców.

– Gdzie?

– Muszę jechać do domu, żeby się przekonać, czy wrócili z obozu – wyjaśniłam. Teraz, kiedy już byłyśmy bezpieczne, mogłam sobie pozwolić na nadzieję odnalezienia mamy, taty i sióstr.

Zakonnice oznajmiły nam, że nie możemy wyjechać, chyba że ktoś zechce nas wziąć pod swoją opiekę. Musiałyśmy więc tam zostać.

Nie podobało mi się życie w katolickim klasztorze. Zewsząd otaczały nas krzyże, krucyfiksy, obrazy Dziewicy Maryi z Dzieciątkiem, zupełnie nam obce. Tęskniłam za jakimś bardziej znajomym otoczeniem. Zastanawiałam się, co by pomyślał mój ojciec, religijny Żyd, gdyby zobaczył Miriam i mnie w klasztorze. Zakonnice nie próbowały nas nawracać, nie czyniły żadnych tego rodzaju kroków, ale nie czułyśmy się dobrze w tym dziwnym dla nas miejscu.

Starsze dziewczynki, które przeżyły Auschwitz i też tam zamieszkały, powiedziały nam, że możemy pójść do centrum Katowic i jeździć tramwajem bez płacenia za bilety. Wystarczyło pokazać numer wytatuowany na przedramieniu. Zapewniły nas, że nie musimy znać polskiego ani w ogóle nic mówić. Przyjęłyśmy tę wiadomość z pewną ulgą, jako że posługiwałyśmy się głównie węgierskim.

Poszłyśmy do miasta, gdzie okazało się, że powiedziały nam prawdę, mogłyśmy jeździć tramwajem za darmo. Jeździłyśmy więc tam i z powrotem, z jednego końca miasta na drugi. Czysta radość z wolności, szum wiatru w uszach, możliwość decydowania o tym, co chcemy robić, działały wyzwalająco.

Dzięki starszym dziewczynkom dowiedziałyśmy się, że część osób, które przeżyły Auschwitz, przebywa w obozie dla przesiedleńców w Katowicach, wśród nich nasza znajoma z rodzinnych stron, pani Csengeri, ze swoimi córkami bliźniaczkami. Któregoś dnia wymyśliłam plan, jak się wydostać z klasztoru.

– Chodź, Miriam – powiedziałam. – Pojedziemy odwiedzić panią Csengeri.

– Po co? – zdziwiła się Miriam.

– Po prostu jedź ze mną.

Wskoczyłyśmy do tramwaju, który nas zawiózł do obozu przesiedleńców. Po znalezieniu pani Csengeri od razu zalałam ją potokiem słów.

– Przyjaźniła się pani z naszą mamą – zaczęłam. – Nie chcemy zostawać w klasztorze, ale nie chcą nas wypuścić, bo nie możemy znaleźć naszych rodziców.

– Tak, wiem – odparła. – Ale dlaczego mówicie mi to wszystko?

Nabrałam powietrza i wyrzuciłam z siebie:

– Podpisałaby pani dokumenty mówiące, że jest naszą ciotką, i zabrała nas stamtąd, żebyśmy mogły wrócić do domu?

Pani Csengeri długo milczała, by w końcu powiedzieć:

– No dobrze. Pojadę z wami do klasztoru i podpiszę dokumenty. – Po krótkiej pauzie dodała: – A potem zabiorę was ze sobą do domu.

Nie posiadałam się z radości.

W marcu 1945 roku przeprowadziłyśmy się z Miriam do obozu przesiedleńców, gdzie przebywała pani Csengeri z córkami. Mieszkałyśmy w baraku, dzieląc pokój z niejaką panią Goldenthal i jej trojgiem dzieci.

Synowie pani Goldenthal, bliźniacy Alex i Erno, byli w naszym wieku i – jak odkryłam – również zostali wybrani w Auschwitz do eksperymentów doktora Mengele. Pani Goldenthal została z nimi, a do tego podczas selekcji na rampie udało jej się ukryć młodsze dziecko, Margaritę, pod długą spódnicą. Później w obozie podczas inspekcji esesmanów w baraku chowała małą Margaritę pod siennik na pryczy, w czym pomagały jej inne więźniarki.

Teraz pani Goldenthal i pani Csengeri wzięły pod opiekę nas wszystkich. Umyły nas i wygotowały nasze ubrania. Pozbyły się wszy. Pani Csengeri uszyła dla Miriam i dla mnie sukienki z radzieckich mundurów w kolorze khaki. W tej sukience poczułam się znowu małą dziewczynką. Przygotowywała nawet dla nas specjalne potrawy. Poczułyśmy się z Miriam prawie jak w rodzinie, otoczone troską dorosłych, tak jak kiedyś.

Radzieccy żołnierze zawiadujący obozem dawali nam chleb i po pół rubla tygodniowo. Mogłyśmy wydawać te pieniądze według swojego uznania. Czasami chodziłyśmy do miasta i na straganie kupowałyśmy jabłko. Normalnie dawano nam proste jedzenie, które zaspokajało głód, takie jak chleb, zupę ziemniaczaną i mięso. Jabłko stanowiło luksus, więc tym bardziej nas cieszyło.

Pewnego ranka, po upływie półtora miesiąca, pani Csengeri obudziła mnie z głębokiego snu.

– Pakuj wszystko – poleciła – bo się przenosimy.

Zebrałyśmy cały dobytek, po czym Miriam i ja, trzymając się za ręce, w jednakowych sukienkach khaki, wraz z całą naszą grupką wsiadłyśmy do pociągu. Nie miałam pojęcia, dokąd jedziemy, ale dobrze wiedziałyśmy, dokąd chcemy dotrzeć. Nade wszystko pragnęłam odnaleźć rodziców albo kogoś z mojej prawdziwej rodziny. Chciałam tylko jednego: wrócić do domu.

Rozdział dwunasty

Radzieccy żołnierze sprawowali władzę, kiedy wyruszyłyśmy z Miriam w drogę do domu z panią Csengeri, panią Goldenthal i ich dziećmi. Choć jechałyśmy w bydlęcym wagonie, ta podróż wyglądała zupełnie inaczej niż jazda do Auschwitz. Pociąg nie był zatłoczony, a w wagonach zbudowano piętrowe prycze z całkiem wygodnymi siennikami. Uwielbiałyśmy siedzieć na samej górze i wyglądać przez okna, w których tym razem nie było drutu kolczastego. Nocą miałyśmy pod dostatkiem koców. Zwijałyśmy się pod nimi w kłębek; nadal nie rozmawiałyśmy o tym, co czujemy i co się z nami dzieje, tylko tuliłyśmy się do siebie.

Podczas dnia drzwi wagonów pozostawały otwarte. Często siadywałyśmy w nich z nogami zwisającymi na zewnątrz. Pociąg wlókł się tak wolno, że można było równo z nim biec wzdłuż torów. Wiatr owiewał nam twarze cudownie świeżym powietrzem. Z przyjemnością oglądałyśmy mijane pola i wzgórza. Była wiosna, kwitły kwiaty, ptaki śpiewały.

Nic nam już nie groziło. Byłyśmy wolne.

Czasami pociąg stawał na pięć lub sześć godzin. Wysiadaliśmy wówczas, a pani Csengeri ustawiała dwie cegły, rozpalała małe ognisko i gotowała coś w garnku. Rosjanie dawali nam chleb i inną żywność, ale zabraliśmy też ze sobą trochę własnego prowiantu. Już nie musiałam się martwić o to, co będę jeść. Pani Csengeri troszczyła się o wszystko i nigdy nie narzekała. Kiedy konduktor ogłaszał, że pociąg zaraz ruszy, wskakiwaliśmy z powrotem do wagonów.

Zmierzaliśmy w stronę Rumunii. Urozmaicaliśmy sobie podróż śpiewem i rozmowami. Pani Csengeri i pani Goldenthal mówiły, że zachowają pasiaki, które nosiły w Auschwitz, żeby dać świadectwo, co się tam działo.

– Opowiem swoją historię – powtarzała pani Csengeri. – Powiem, co te potwory nam zrobiły.

Wtedy jeszcze nie rozumiałam, dlaczego to takie ważne. Nie umiałam sobie wyobrazić, kto chciałby słuchać o Auschwitz, ale nasze opiekunki ciągle o tym mówiły. Zadawały sobie pytanie, czy ich mężowie przeżyli. A ja zastanawiałam się, czy z mojej rodziny przeżył ktoś poza Miriam i mną. Nikt tego nie wiedział.

Czasami przejeżdżaliśmy przez wioski i miasta zniszczone bombardowaniem. Ceglane budynki leżały w gruzach, ziemię pokrywały sterty kamieni. Niektóre miejsca sprawiały wrażenie całkowicie opuszczonych. Przejechaliśmy od Katowic do Czerniowców pod rumuńską granicą. Zamieszkaliśmy na przedmieściach w miejscu, które mogło być wcześniej obozem pracy albo gettem. Pozostaliśmy tam około dwóch miesięcy z myślą, że jesteśmy bliżej domu.

Któregoś popołudnia kazano nam się pakować i znów załadowano nas do bydlęcych wagonów z pryczami. Pociąg ruszył i po jakimś czasie dorośli się zorientowali, że powinniśmy już być w Rumunii; Siedmiogród stał się znowu jej częścią, nie należał już do Węgier. Pani Csengeri obserwowała mijane tablice i stwierdziła, że wjeżdżamy w głąb Związku Radzieckiego. Kiedy pociąg zwolnił, wspinając się na wzgórze, niektórzy ludzie wyskakiwali z wagonów i koziołkowali w dół po nasypie. Dziwiło mnie, dlaczego i dokąd uciekają; latami zastanawiałam się, co się z nimi stało. Później sobie uświadomiłam, że wielu ludzi bało się Związku Radzieckiego i nie chciało żyć pod komunistycznymi rządami.

Po tygodniu dotarliśmy do obozu dla uchodźców w Słucku niedaleko Mińska. Mieszkaliśmy tam kilka miesięcy z byłymi więźniami z całej Europy. W końcu zostaliśmy pogrupowani według krajów pochodzenia.

Pewnego dnia w październiku wyruszyliśmy z powrotem do Rumunii. Pierwszy przystanek wypadł w Nagy Varad Oradea, rodzinnym mieście pani Goldenthal. Zabrała swoje dzieci i poszła do domu. Jakże jej zazdrościłam! Ja także chciałam się znaleźć u siebie, we własnym domu! Tamtego wieczoru reszta z nas nocowała w hotelu przy stacji i tam też zjedliśmy kolację. Jedzenie było pyszne: podano nam pieczone ziemniaki i smażone jajka z przyprawami, a na deser jabłka i lody. Chociaż raz najadłyśmy się do syta. Agencja żydowska dała nam pieniądze na zapłacenie rachunku. Każde miasto zamieszkane kiedyś przez Żydów miało taką instytucję powołaną do opieki nad osobami takimi jak my i do pomocy przy łączeniu rodzin.

Następnego dnia wsiadłyśmy do innego pociągu i pojechałyśmy na południe do Şimleu Silvaniei, miasta pani Csengeri. Zaprosiła nas, żebyśmy u niej przenocowały. Rano, podziękowawszy jej za opiekę i troskę, pierwszym pociągiem wyruszyłyśmy do Portz, naszej rodzinnej wioski.

Gdy pociąg się zatrzymał i konduktor krzyknął: „Portz!", natychmiast rozpoznałam stację. Trzymając się za ręce, wysiadłyśmy na szczycie wzgórza i skierowałyśmy się ku wsi.

– Chodźmy do domu – powiedziałam. Czułam taką potrzebę, choć właściwie nie byłam pewna, co spodziewałam się tam zastać. Czy wszystko będzie wyglądało tak, jak w momencie naszego wyjazdu, lekko tylko zapuszczone przez naszą kilkumiesięczną nieobecność? Dla mnie dom to była Miriam i ja, nasze siostry i rodzice, gospodarstwo ze zwierzętami. Każdy powrót musiał się wiązać z odnalezieniem przynajmniej niektórych z tych elementów, czyż nie? Pozwalałam sobie mieć nadzieję, że jednak czeka nas u celu coś dobrego.

Ręka w rękę wmaszerowałyśmy do wioski. Byłyśmy ubrane w jednakowe sukienki khaki uszyte z radzieckich mundurów, a ja wciąż miałam na nogach obozowe buty, za duże o kilka rozmiarów; kiedy robiłam krok, przednia część podeszwy opadała z kłapnięciem. Ludzie wychodzili z domów i szeptali między sobą. Nikt nie odezwał się bezpośrednio do nas. Po prostu gapili się, jak idziemy ulicą. Nadal wyglądałyśmy z Miriam identycznie; czułam, że mieszkańcy wsi wiedzą, kim jesteśmy.

Kiedy zbliżałyśmy się do naszego domu, serce waliło mi tak mocno, że niemal je słyszałam. Nie mogłam się doczekać, żeby wejść na podwórko. Wreszcie miałyśmy znaleźć się znowu we własnym domu! W moich wspomnieniach dom łączył się z miłymi rzeczami i dobrymi czasami: ciepłym łóżkiem, ubraniami na miarę, matką, która dla nas gotowała, i ojcem, który dbał, żeby nam niczego nie brakowało. Z rodziną.

Jednak nic z tego nie pozostało. Nic poza leżącą odłogiem ziemią i gołymi ścianami.

Gospodarstwo wyglądało na zaniedbane. Porzucone. Od razu zrozumiałam, że tata i mama nie wrócili. Nigdy by nie pozwolili chwastom urosnąć tak wysoko. Nigdy by nie dopuścili, by zabudowania popadły w ruinę.

W tym momencie obie z Miriam pojęłyśmy, że z całej rodziny Mozesów zostałyśmy tylko my dwie. Babci i dziadka Hershów – głównego powodu, dla którego matka nie zgodziła się na ucieczkę do Palestyny – także już nie było. Nie było nikogo poza nami.

Nadal trzymając się za ręce, weszłyśmy do środka. Przeżyłyśmy zaskoczenie, kiedy pies mamy, mała ruda jamniczka Lily wybiegła nas powitać; szczekała i machała ogonem. Minęło tyle czasu, a ona wciąż tam była! Najwyraźniej nas poznała, lizała nas po rękach, kiedy ją głaskałyśmy. Cóż, psów nie zabierano do obozów koncentracyjnych, tylko ludzi.

W domu było brudno... i pusto. Wszystko zostało rozszabrowane: meble, zasłony, naczynia, bielizna, lichtarze, dosłownie wszystko, co miało jakąkolwiek wartość. Przechodziłam z pokoju do pokoju, szukając jakichś pamiątek, pozostałości po życiu, które kiedyś było moim udziałem. Znalazłam jedynie trzy pomięte zdjęcia walające się po podłodze. Podniosłam je i zachowałam.

Jedno przedstawiało moje starsze siostry Edit i Aliz z trzema naszymi kuzynkami. Na drugim, zrobionym w 1942 roku, byłyśmy wszystkie cztery, Edit, Aliz, Miriam i ja, z naszymi nauczycielkami. Trzecie było ostatnim zdjęciem całej mojej rodziny, z jesieni 1943 roku. Na tym czarno-białym zdjęciu mamy z Miriam jednakowe bordowe sukienki. Stanowiło jedyny dowód na to, że kiedyś, wcale nie tak dawno, miałam rodzinę. Zostałyśmy tam z Miriam jakieś sześć lub siedem godzin, wędrując po gospodarstwie. W sadzie nadal rosły drzewa, zjadłyśmy trochę śliwek i jabłek, ale ludzie ze wsi zebrali większość owoców. Po południu zjawił się nasz kuzyn Szmul. Ciotka Irena, najmłodsza siostra naszego ojca, najwidoczniej przekazała mu wiadomość, żeby po nas przyszedł. Później się dowiedziałyśmy, że wyśledziła nas przez Czerwony Krzyż. Miriam i ja znalazłyśmy się wśród ostatnich Żydów, którzy wrócili do Siedmiogrodu, a ciotka cały czas sprawdzała listy, szukając naszych krewnych, więc orientowała się dokładnie, kiedy nasz pociąg dotrze do Portz, i skontaktowała się ze Szmulem.

Szmul miał około dwudziestu lat i mieszkał wcześniej w sąsiedniej wsi. On także trafił do Auschwitz i przeżył jako jedyny ze swojej najbliższej rodziny. Powiedziałam mu, że sąsiedzi wszystko rozkradli.

– Tak, wiem – odparł bez zdziwienia.

Szmul odebrał od sąsiadów łóżko, stół i parę krzeseł, żeby się urządzić w naszej letniej kuchni. Obrabiał pole i opiekował się Lily. Pies wędrował po okolicy, żywiąc się odpadkami znajdowanymi na sąsiednich posesjach.

Spytałyśmy Szmula o naszych rodziców.

– Nie widziałem nikogo z waszej rodziny – odparł. – Wiem tylko, że ciotka Irena przeżyła i czeka na was. Wysłano ją do obozu koncentracyjnego, ale wróciła w maju.

Nie czułam się dobrze w naszym gospodarstwie. Nie miałam już poczucia, że przynależę do tego miejsca. Nie miałyśmy z Miriam domu, nie miałyśmy rodziców, nie miałyśmy sióstr. Ale nadal miałyśmy siebie nawzajem.

Poszłyśmy z kuzynem Szmulem. Mieszkańcy wsi stali w bramach swoich podwórek i patrzyli w milczeniu, jak odchodzimy. Byłam na nich zła, ale się nie odezwałam. Wsiadłyśmy do pociągu, który miał nas zawieźć do dużego miasta Kluż*, do ciotki.

Musiałyśmy jakoś się pozbierać i rozpocząć nowe życie.

* Kluż – rum. Cluj; obecnie Kluż-Napoka (Cluj-Napoca) (przyp. red.).

Rozdział trzynasty

Przez następne pięć lat, od 1945 do 1950 roku, mieszkałyśmy z Miriam u ciotki Ireny, która miała dużą kamienicę czynszową w Kluż.

Przed wojną zawsze z przyjemnością odwiedzałyśmy ciotkę, lubiłyśmy też jej wizyty u nas. Dużo podróżowała ze swoim mężem i opowiadała nam o wakacjach na francuskiej Riwierze i o Monte Carlo. Uwielbiałyśmy jej słuchać, a także oglądać jej klejnoty i futra. Jej syn był naszym ulubionym kuzynem.

Jednak rok lub dwa po naszym przybyciu do Kluż zaczęłyśmy odkrywać, że wolność nie wygląda tak, jak sobie wyobrażałyśmy. Rumunią rządzili komuniści. Partia komunistyczna była jedyną partią w kraju i miała pełną władzę. Tajna policja aresztowała wszystkich, którzy stawali w opozycji do rządu. Właścicielom odbierano ziemię i rozdawano ją chłopom.

Podczas wojny naziści zmusili ciotkę Irenę do pracy w fabryce bomb w Niemczech. Jej mąż i syn zginęli w obozach. Po powrocie do Kluż odkryła, że komuniści zabrali jej większość z tego, co posiadała. Pozwolono jej jednak zatrzymać kamienicę, ponieważ była wdową wojenną i przeżyła obóz koncentracyjny. Wyszła za farmaceutę, który także przeżył obóz.

Mieszkaliśmy wszyscy razem, ale nie byliśmy prawdziwą rodziną. Wiedziałyśmy, że ciotce Irenie na nas zależy, ponieważ była jedyną krewną, która zechciała nas przygarnąć. Jednak nigdy nas nie przytulała ani nie całowała, nie mówiła nam miłych rzeczy. Miriam i mnie brakowało czułości i bardzo tęskniłyśmy za kochającą matką.

Ciotka Irena nadal miała perskie dywany, zbiór pięknej porcelany i eleganckie, szyte na miarę ubrania sprzed wojny. Te skarby przypominały jej o dobrym życiu, jakie kiedyś prowadziła, i chyba znaczyły dla niej więcej niż my.

Czułyśmy się z Miriam nie na miejscu w jej pięknym mieszkaniu. Byłyśmy niechlujnymi jedenastolatkami, które wróciły z baraków Auschwitz. Nie byłyśmy u siebie ani tam, w Auschwitz, ani w tym wytwornie urządzonym apartamencie w Kluż.

Co noc miałam koszmary, we śnie widziałam szczury wielkości kotów, ludzkie zwłoki i igły wbite w moje ciało. Po tym, jak się dowiedziałyśmy, że naziści wyrabiali mydło z tłuszczu Żydów, śniło mi się, że kawałki mydła przemawiają do mnie głosami rodziców i sióstr, pytając, dlaczego się nimi myję.

Nie mówiłam o tym Miriam, bo się bałam, że to ją przygnębi i sama też zacznie miewać koszmary. Obie podupadłyśmy na zdrowiu i ciągle się przeziębiałyśmy. Na ciele wyskakiwały nam wrzody, niektóre wielkości jabłek, pozostawiające po sobie blizny. Kiedy ciotka Irena zabierała nas do lekarza, truchlałam z przerażenia... bo przypominał mi się doktor Mengele i jego asystenci w białych kitlach. Nauczyłam się nie ufać lekarzom.

Po zbadaniu nas rumuński lekarz stwierdził:

– Te dzieci cierpią na to samo co wiele innych dzieci w czasie wojny: niedożywienie. Nie dolega im nic, czego by się nie dało naprawić odpowiednią dietą i witaminami.

W tamtym czasie nie dało się tak po prostu kupić witamin, jedzenia również brakowało. Staliśmy godzinami w kolejce po bochenek chleba. Kuzyn Szmul przywoził mąkę, ziemniaki, jajka, warzywa i olej słonecznikowy z naszego gospodarstwa. Miałyśmy z Miriam wielkie zapotrzebowanie na ten olej, piłyśmy go prosto z butelki! Martwiło to ciotkę Irenę, jednak lekarz powiedział jej, żeby nam tego nie zabraniała, bo picie oleju wyraźnie służy naszemu zdrowiu.

Pewnego dnia, kiedy jadłam biały chleb na werandzie, ktoś mnie zobaczył i doniósł tajnej policji. Tego samego wieczoru funkcjonariusze zjawili się u nas, przeszukali mieszkanie i zabrali całe jedzenie. Dzień później ciotka wybudowała szafkę, która wyglądała jak ściana. Można się było dostać do środka, tylko naciskając ukryty guzik. Od tamtej pory ukrywałyśmy w tej skrytce zapasy żywności.

Którejś nocy tajna policja zabrała męża ciotki Ireny, bez słowa wyjaśnienia. Po prostu zniknął. Nie wiedziałyśmy, czy żyje. Wychodząc z domu, zawsze martwiłyśmy się, że ktoś nas może obserwować czy słuchać; zawsze istniała obawa, że możemy zostać zadenuncjowane.

Życie w komunistycznej Rumunii stawało się coraz trudniejsze. Rząd kontrolował wszystko, nie wyłączając szkół. Pierwszego dnia w gimnazjum miałyśmy na sobie nasze jednakowe sukienki khaki. Pamiętałyśmy, jak w Portz chodziłyśmy w identycznych bordowych sukienkach. Teraz inne dzieci wyśmiewały nas z powodu tego ubrania. Opuściłyśmy tylko półtora roku nauki i nie miałyśmy specjalnych zaległości w stosunku do innych, jednak było nam trudniej, ponieważ mówiłyśmy po węgiersku, a lekcje prowadzono w języku rumuńskim.

W szkole byłyśmy jedynymi Żydówkami. Inni uczniowie nas przezywali, nie zważając na to, co przeszłyśmy. Antysemici z Kluż rozpowszechniali plotki, jakoby w nocy żydowskie wampiry napadały na chrześcijańskie dziewczęta i wypijały ich krew. Chodziłyśmy z Miriam na kolacje do sierocińca, ponieważ u ciotki Ireny brakowało jedzenia. Wracając do domu, zastanawiałam się, skąd taki wampir miałby wiedzieć, że jestem Żydówką i nie może mnie atakować?

Nie tylko Żydom było ciężko, wszyscy cierpieli z powodu strasznych warunków. W końcu udałyśmy się z Miriam do żydowskiej organizacji syjonistycznej, żeby zasięgnąć języka na temat Palestyny, ale wkrótce rząd zlikwidował tę placówkę.

Czasami dostawałyśmy paczki od naszej ciotki ze Stanów Zjednoczonych. Kiedyś przysłała różne materiały i ciotka Irena zabrała nas do krawcowej, u której zamówiła trzy komplety jednakowych sukienek dla mnie i dla Miriam. Najbardziej podobały nam się niebieskie w kropki. Uwielbiałyśmy nosić identyczne stroje, żeby przyciągać uwagę i nabierać chłopców. Nasza krewna z Ameryki przysłała również palta, ale miały krój dla dorosłych i nie pasowały na nas rozmiarem.

Pewnego dnia w 1948 roku, kiedy miałyśmy po czternaście lat, rząd ogłosił, że będzie dostawa nowych płaszczy do sklepu. Stałyśmy z Miriam całą noc w kolejce, czekając, aż o dziesiątej sklep zostanie otwarty. Przyszło jednak dwanaście tysięcy ludzi, po dwieście płaszczy! Kiedy otwarto drzwi i czekający rzucili się do środka, jedna ze sprzedawczyń, która była znajomą ciotki Ireny, rozpoznała nas, rzuciła nam dwa płaszcze i ukryła nas pod ladą. Później uregulowałyśmy należność i wyszłyśmy w jednakowych rdzawoczerwonych okryciach o barwie jesiennych liści. Miałyśmy te płaszcze na sobie, kiedy później płynęłyśmy do Izraela.

W 1948 roku na terenie Palestyny powstało państwo Izrael. Zaczęłam myśleć, że byłoby przywilejem żyć w miejscu, o którym marzył tata. Kiedy widzieliśmy się ostatni raz, kazał nam obiecać, że jeśli przeżyjemy wojnę, wyjedziemy do Palestyny.

Pisywałyśmy z Miriam do wuja Aarona, mieszkającego w Hajfie brata naszego ojca, wysłałyśmy mu też nasze zdjęcie. Wuj Aaron zaproponował, że pomoże nam się tam osiedlić i postara się ulżyć naszej niedoli. Zapytałyśmy go w jednym z listów, czy w Izraelu jest czekolada. Odpowiedział nam, że możemy mieć tyle czekolady, ile tylko zechcemy, i tyle pomarańczy, ile zechcemy. Przyrzekł się nami zaopiekować. Jego słowa sprawiły, że Izrael wydał nam się rajem!

Ciotka Irena powiedziała, że otrzymała wiadomość, że jej syn żyje i mieszka w Izraelu. Ona także chciała wyemigrować. Wszystkie trzy złożyłyśmy podania o wizy wyjazdowe, ale tylko ciotka dostała swoją bez problemów. My z Miriam musiałyśmy czekać na nasze aż dwa lata. Rząd nie chciał pozwalać młodym ludziom na wyjazd z Rumunii, ponieważ potrzebował ich do odbudowy zniszczonego wojną kraju.

Niemniej jednak zaczęłyśmy się przygotowywać do podróży. Wytyczne, co wolno ze sobą zabrać, zmieniały się niemal codziennie. Spakowałyśmy się rok przed wyjazdem i mieszkałyśmy otoczone pudłami zawierającymi rzeczy, które pragnęłyśmy wziąć ze sobą. Żeby móc wyjechać z Rumunii, musiałyśmy podpisać, że zrzekamy się całej reszty naszego majątku. Wciąż miałyśmy około hektara ornej ziemi i dom w Portz. Większość gruntów komuniści już wcześniej nam odebrali i rozdzielili między chłopów. Tak bardzo chciałyśmy wyjechać, że bez wahania podpisałyśmy stosowne dokumenty.

Dwa miesiące przed opuszczeniem Rumunii mąż ciotki Ireny został wypuszczony z więzienia i przyznano mu wizę. Nie powiedział nam, mnie i Miriam, ani słowa o tym, co przeszedł. Mogłyśmy się tylko cieszyć, że go uwolniono.

Wreszcie w czerwcu 1950 roku, niedługo przed naszym wyjazdem, władze poinformowały nas, że możemy zabrać tylko to, co mamy na sobie. W dniu wyjazdu ciotka Irena kazała nam założyć po trzy sukienki pod nasze jednakowe płaszcze. Starannie zawinęłam w papier wymięte zdjęcia mojej rodziny i zabrałam je ze sobą.

Pojechałyśmy pociągiem do Konstancy nad Morzem Czarnym. Przepychając się przez tłum, zajęłyśmy miejsce w kolejce do wejścia na statek. Panował taki ścisk, że ledwie mogłam oddychać. Trzymałyśmy się jednak bardzo mocno za ręce, żeby nas nie rozdzielono. Na statek przeznaczony dla tysiąca pasażerów wsiadły trzy tysiące ludzi. Czekaliśmy całą dobę, nim w końcu wypłynęliśmy z portu.

Kiedy statek oddalał się od brzegu, wiedziałam, że mnie i Miriam nic już nie wiąże z Rumunią. Przez minione pięć lat zachowywałam nadzieję, że nasze siostry i rodzice mogą wrócić. Żydowska organizacja współpracująca z Czerwonym Krzyżem publikowała listy powracających. Sprawdzałam je w sierocińcu, gdzie co wieczór jadłyśmy obiad, ale nie znalazłam żadnego z członków naszej rodziny. Miałyśmy z Miriam po szesnaście lat. Musiałyśmy rozpocząć nowe życie.

Podróż była długa i męcząca. Przez wiele dni nie widziałyśmy lądu, ale przebywanie na otwartym morzu było ekscytujące. Bezkresna połać wody sięgająca nieba, świeże powietrze i wiatr targający włosami, pachnący wolnością i obietnicą. Trzymając się z Miriam za ręce, obserwowałyśmy delfiny raz po raz wyskakujące nad powierzchnię wody.

Któregoś dnia wcześnie rano statek dotarł wreszcie do Hajfy. W czasie przybijania do brzegu stałyśmy na pokładzie i oglądałyśmy wschód słońca nad Górą Karmel. To był jeden z najpiękniejszych widoków, jakie widziałam w życiu. Kraj wolności. Większość pasażerów przeżyła Holocaust, tak jak my. Spontanicznie zaintonowali narodowy hymn Izraela, *Hatikwę,* mówiący o nadziei. My także śpiewałyśmy, płacząc ze szczęścia.

Już w porcie, po zejściu ze statku, rozglądałyśmy się za osobą, która miała na nas czekać. Wuj Aaron w końcu nas dostrzegł; zaczął nas wołać po imieniu, wymachując przy tym rękami, by mieć pewność, że go zauważymy. Przytulił nas i ucałował na powitanie, a my rozpłakałyśmy się w jego objęciach. Od tak dawna jedyną czułością, jakiej zaznawałyśmy, była ta, którą okazywałyśmy sobie nawzajem.

Zarówno ja, jak i moja siostra bliźniaczka, ubrane w jednakowe rdzawe płaszcze, z kilkoma warstwami sukienek pod spodem, nareszcie poczułyśmy, że jesteśmy w domu.

Rozdział czternasty

Po przyjeździe do Hajfy z wujem Aaronem dowiedziałyśmy się, że syna ciotki Ireny jednak tam nie ma. Zmyśliła całą tę historię, żeby dostać wizę. Obie z Miriam ze smutkiem przyjęłyśmy wiadomość, że nasz ulubiony kuzyn tak naprawdę odszedł na zawsze. Spędziłyśmy z wujem Aaronem i jego rodziną popołudnie; ustalono, że pojedziemy do jednej z wiosek młodzieżowych założonych przez izraelski rząd. Wioski leżały w obrębie wielkich gospodarstw ziemskich i młodzi ludzie, tacy jak my, siali i zbierali zboże oraz doglądali zwierząt. Plony służyły wyżywieniu nowego izraelskiego narodu.

W naszej wiosce pracowaliśmy przez pół dnia, a drugie pół spędzaliśmy w szkole. Do moich obowiązków należało zbieranie pomidorów i orzeszków ziemnych oraz dojenie krów.

Miriam i ja mieszkałyśmy tam razem z około trzema setkami nastolatków z różnych krajów. Nie wszyscy mieli za sobą traumę Holocaustu. Niektóre dzieciaki mieszkały w wiosce, podczas gdy ich rodzice zdobywali zawód. Wszyscy w chwili przyjazdu byliśmy przydzielani do grup i zaprzyjaźnialiśmy się ze sobą. Każdy dom miał swoją opiekunkę, ale porządku w pokojach pilnowaliśmy sami. Po raz pierwszy od opuszczenia Auschwitz sypiałam bez koszmarów. Nie musiałam się martwić o nasze fizyczne bezpieczeństwo i wyżywienie. Nie dokuczał nam antysemityzm, przeciwnie, wręcz byliśmy zachęcani do kultywowania naszego żydowskiego dziedzictwa. W tych wioskach nasze wojenne rany wreszcie zaczynały się goić.

W chwili przybycia każdy mówił własnym językiem, ale na miejscu uczono nas wspólnego – hebrajskiego. Kilka słów przyswoiłam sobie już pierwszego wieczoru, który spędziłam z Miriam w młodzieżowej wiosce. Był piątek. Wieczorem, jak w każdy inny piątek, wszystkie dzieciaki zebrały się w wielkiej jadalni, żeby powitać *Szabbat,* żydowski szabas. Na stole stały świece i wino. Wszyscy byliśmy ubrani w białe koszule. Mnie i Miriam przydzielono dwie dziewczynki jako „starsze siostry", które miały nam się pomóc zadomowić.

Po modlitwach wszyscy zaczęli śpiewać i tańczyć horę. Nie znałam kroków, ale zastanawiałam się, czy mimo to mogłabym zatańczyć. Moja „starsza siostra" wzięła mnie za rękę, to samo zrobiła z Miriam jej „starsza siostra", po czym włączyłyśmy się do kręgu utworzonego przez tancerzy. Przesuwaliśmy się w prawo; starałam się po prostu naśladować innych. Z wysoko uniesionymi ramionami tańczyliśmy razem, chłopcy i dziewczęta, śpiewając *Chawa Nagila.* Ze śmiechem dreptaliśmy w koło coraz szybciej i szybciej.

Tańczyłam horę i przepełniała mnie radość. Miriam i ja wreszcie stanowiłyśmy część nowej, wielkiej, przyjmującej nas serdecznie rodziny.

Epilog Evy

W Izraelu dwa lata mieszkałyśmy w młodzieżowej wiosce. Pół dnia spędzałyśmy w szkole, a drugie pół pracowałyśmy w gospodarstwie. Raz-dwa nauczyłyśmy się hebrajskiego, w ciągu tych dwóch lat szybko przeskakiwałyśmy z klasy do klasy, ostatecznie kończąc w dziesiątej. Miriam pracowała w polu, a ja doiłam krowy. Byłam jedyną dziewczyną pracującą z sześcioma chłopakami. Nauczyłam się mówić „kocham cię" w dziesięciu różnych językach, co w wieku szesnastu lat wydawało mi się ważną umiejętnością.

W 1952 zostałyśmy wcielone do izraelskiego wojska, gdzie Miriam studiowała pielęgniarstwo i została dyplomowaną pielęgniarką. Ja wybrałam kierunek techniczny i zostałam kreślarką, czyli kimś, kto rysuje plany budynków i maszyn. Stacjonowałam w Tel Awiwie, a cały okres mojej służby, zakończonej w stopniu starszego sierżanta, trwał osiem lat. To był dla mnie czas dojrzewania. Zostałam bardzo dobrą kreślarką i przekonałam się, że potrafię zarobić na swoje utrzymanie. Tęskniłam jednak za własnym domem i rodziną.

W kwietniu 1960 roku poznałam amerykańskiego turystę Michaela Kora, który odwiedzał swojego brata w Tel Awiwie. Mimo że ledwie mogliśmy się ze sobą dogadać, już po kilku tygodniach wzięliśmy ślub. Powiedział do mnie coś po angielsku, ja to sprawdziłam w słowniku i odpowiedziałam: „Tak". To były oświadczyny. Nim się spostrzegłam, byłam mężatką z Terre Haute w stanie Indiana, gdzie mój mąż Michael mieszkał od 1947 roku. Przybył tam po wojnie głównie po to, żeby osiąść w pobliżu swoich wyzwolicieli z amerykańskich sił sprzymierzonych. Muszę wam powiedzieć, że poślubienie osoby, z którą nie można się porozumieć w tym samym języku, nie należy do najlepszych pomysłów. Oboje musieliśmy sobie radzić z wieloma niespodziankami na początkowym etapie małżeństwa, kiedy się dopiero nawzajem poznawaliśmy. Na przykład mój mąż sądził, że jestem bardzo cichą osobą! Jak mogliście się zorientować z tego pamiętnika, wcale taka nie jestem, po prostu nie znałam wówczas angielskiego.

Przyjazd z Tel Awiwu do Terre Haute przypominał lądowanie na Księżycu. Nie wiedziałam nic o życiu w Stanach, nie mówiłam po angielsku i sądziłam, że wszyscy tam są bogaci. Po kilku tygodniach zaszłam w ciążę. Tak strasznie tęskniłam za Miriam i moimi przyjaciółmi z Izraela, że ciągle oglądałam telewizję, by uśmierzyć dojmujące poczucie osamotnienia. W tamtym czasie myślałam, że Amerykanie pokazują w telewizji jedynie wiadomości i sport, ponieważ mojego męża interesowały wyłącznie te dwa rodzaje programów.

Któregoś dnia, ku memu zaskoczeniu, zobaczyłam film o młodej parze, która umawiała się na randki, całowała i żyła tak, jak zwykle żyją młodzi ludzie. To był dla mnie program warty oglądania! Tak się wciągnęłam w śledzenie akcji, że odrywałam wzrok od ekranu tylko po to, by zapisać nieznane słowa, które później sprawdzałam w słowniku. Następnie powtarzałam je, starając się zapamiętać. Tym sposobem nauczyłam się angielskiego na tyle dobrze, by dostać pracę w ciągu trzech miesięcy od przyjazdu do Stanów.

Nasz syn Alex Kor urodził się 15 kwietnia 1961 roku, a nasza córka Rina Kor 1 marca 1963 roku. Uważałam, że mam w życiu wszystko, czego mi trzeba. Jednak wspomnienia wojennych doświadczeń wciąż mnie prześladowały. Zaczęły się przyjęcia urodzinowe naszych pociech, trudne, ponieważ syn i córka pytali, dlaczego nie mają dziadków, jak wszystkie inne dzieci.

Kiedy Alex miał sześć lat, w Halloween pewien znany w okolicy chłopiec i jego koledzy przyszli, żeby robić sobie żarty z mojego syna. Ich zachowanie przypomniało mi czasy, kiedy młodzi naziści dokuczali nam w Portz, czasy, gdy nie mogłam się bronić. Teraz jednak mieszkałam w wielkim, wolnym kraju i nie musiałam się na to godzić! Wyszłam więc z domu i przegoniłam złośliwe dzieciaki. Z powodu tego wydarzenia stałam się „popularna" w Halloween jako obiekt wybryków. Co roku dokuczanie zaczynało się już 1 października: malowali swastyki na naszym domu i stawiali białe krzyże na podwórku, to było okropne.

Alex wracał ze szkoły z płaczem i mówił:

– Mamo, wstydzę się ciebie! Wszystkie dzieci mówią, że jesteś stuknięta! Dlaczego nie możesz być taka jak inne matki?

Powiedziałam synowi, że nie jestem stuknięta, ale też nie jestem taka jak wszystkie inne matki. Sądzę, że gdybym mogła opowiedzieć o tym, co mi się przydarzyło w dzieciństwie, tamte dzieciaki by zrozumiały i zostawiły mnie i mój dom w spokoju. Jednak jako ofiara tak strasznych okrucieństw nie wiedziałam, jak to zrobić.

Dokuczano mi przez jedenaście lat, aż do 1978 roku, kiedy telewizja NBC wyemitowała program *Holocaust*. Nagle wszyscy zrozumieli, dlaczego jestem inna. Te same dzieciaki, które mnie prześladowały w Halloween, dzwoniły do mnie albo pisały, żeby mnie przeprosić. W tym samym roku zaczęłam wygłaszać odczyty, na których ludzie zawsze pytali mnie o szczegóły dotyczące eksperymentów. Nie wiedziałam wszystkiego o Auschwitz, sądziłam jednak, że będzie mnóstwo dostępnych informacji o obozach i samym doktorze Mengele. Niestety, nie mogłam ich znaleźć w żadnej książce. Pamiętałam, że na filmie z momentu wyzwolenia widać było około dwustu dzieci opuszczających obóz. Gdybym się mogła skontaktować z tymi dziećmi, obecnie dorosłymi, moglibyśmy wymienić się wspomnieniami i dowiedzieć się, co z nami robiono. Nie wiedziałam jednak, gdzie ich szukać.

Potrzebowałam sześciu lat, by dojrzał we mnie pomysł stworzenia organizacji, która by pomogła mnie i Miriam zlokalizować bliźnięta Mengelego. W 1984 roku założyłyśmy CANDLES (ang. świece), akronim od Children of Auschwitz Nazi Deadly Lab Experiments Survivors (Dzieci, które przeżyły śmiertelne nazistowskie eksperymenty laboratoryjne w Auschwitz). Odnalazłyśmy 122 osoby mieszkające w dziesięciu krajach na czterech kontynentach. Organizacja

CANDLES jako grupa wsparcia pomogła wielu bliźniętom uporać się ze szczególnymi przypadłościami, jakie nękały nas wszystkich po przeżyciu eksperymentów Mengelego.

W miarę upływu lat Miriam miała coraz większe problemy z nerkami. Wiedziałyśmy, że to ma coś wspólnego z zastrzykami, które dostała w Auschwitz, ale nigdy nie zostało wyjaśnione, co spowodowało, że jej nerki zatrzymały się w rozwoju na etapie organów dziesięcioletniego dziecka. W 1987 roku w ogóle przestały działać. Oddałam Miriam swoją lewą nerkę, co pozwoliło jej żyć do 6 czerwca 1993 roku. Nigdy się nie dowiedziałyśmy, co jej i reszcie z nas wstrzykiwano. Nadal staram się tego dowiedzieć i mam nadzieję, że kiedyś mi się to uda.

Śmierć Miriam była dla mnie straszliwym ciosem. Wiedziałam, że muszę w jakiś widoczny sposób uczcić jej pamięć. Dlatego w 1995 roku otworzyłam Muzeum Holocaustu i Centrum Edukacji CANDLES w Terre Haute w Indianie. Od chwili otwarcia muzeum odwiedziło ponad pięćdziesiąt tysięcy osób, głównie młodych ludzi.

W 1993 roku pojechałam do Niemiec i spotkałam się z nazistowskim lekarzem z Auschwitz, doktorem Hansem Münchem*. O dziwo, był dla mnie bardzo miły. Co jeszcze dziwniejsze, uświadomiłam sobie, że go lubię. Spytałam go, czy wie o komorach gazowych w Auschwitz. Odpowiedział,

---

* Hans Münch (1911–2001) od połowy 1943 roku pracował w Instytucie Higieny Waffen SS w Rajsku niedaleko obozu Auschwitz. W tak zwanym pierwszym procesie oświęcimskim w Krakowie w 1947 roku został uznany za niewinnego. Świadkowie zeznali, że wielokrotnie w różny sposób pomagał więźniom (przyp. red.).

że to, co wie, prześladuje go nieustannie, każdego dnia. Usłyszałam od niego:

– Ludziom mówiono, że idą pod prysznic, napominano ich, żeby dobrze zapamiętali numer wieszaka, na którym zostawili ubranie, i żeby buty po zdjęciu z nóg związywali sznurówkami. Kiedy komora gazowa była już całkowicie wypełniona, drzwi zamykały się hermetycznie i blokowały. W suficie otwierały się szczeliny podobne do wentylacyjnych i wylatywały z nich na podłogę granulki, które działały jak suchy lód – zmieniały się w gaz. Ten gaz unosił się z podłogi ku górze; ludzie, próbując przed nim uciec, tratowali się nawzajem. Najsilniejsi kończyli na stercie poskręcanych ciał. Kiedy ci na samym wierzchu przestawali się ruszać, wiedziałem, że wszyscy są martwi, ponieważ obserwowałem cały proces przez specjalny wizjer.

Doktor Münch podpisywał dokumenty potwierdzające masowe zabijanie; nie było na nich nazwisk, tylko stwierdzenie śmierci dwóch czy trzech tysięcy ludzi.

Powiedziałam doktorowi Münchowi, że to dla mnie bardzo ważna informacja, ponieważ wcześniej nie wiedziałam, w jaki sposób działały komory gazowe. Spytałam go, czy pojedzie ze mną do Auschwitz w 1995 roku, kiedy będziemy świętować pięćdziesiątą rocznicę wyzwolenia obozu. Poprosiłam go też, żeby podpisał oświadczenie potwierdzające pod przysięgą to, co powiedział, widział i zrobił, i żeby to nastąpiło w miejscu śmierci tych wszystkich ofiar. Odpowiedział, że bardzo chętnie spełni moją prośbę.

Wróciłam więc z Niemiec zadowolona, że będę mieć oryginalny dokument poświadczony przez nazistę – uczestnika tych strasznych wydarzeń, nie ofiarę czy wyzwoliciela – i dołączę go do historycznego zbioru, który przechowywaliśmy dla siebie i dla przyszłych pokoleń. Byłam tak niezmiernie wdzięczna doktorowi Münchowi, że chce jechać ze mną do Auschwitz i podpisać dokument mówiący o działaniu komór gazowych, że chciałam mu jakoś podziękować. Ale co można dać nazistowskiemu lekarzowi? Jak można komuś takiemu podziękować?

Przez dziesięć miesięcy szukałam odpowiedzi na to pytanie. Przychodziły mi do głowy najróżniejsze pomysły, aż w końcu pomyślałam: „A może po prostu napiszę list, że mu wybaczam? Wybaczam wszystko, co zrobił?". Od razu wiedziałam, że to doceni i będzie mi wdzięczny, ale podejmując tę decyzję, odkryłam, że wybaczenie jest ważne nie tyle dla sprawcy, ile dla ofiary. Miałam w sobie moc, żeby wybaczyć. Nikt nie mógł mi jej dać, nikt nie mógł odebrać. To właśnie stanowiło istotę tej mocy. Cieszyłam się, że dzięki niej po tym strasznym doświadczeniu mogę panować nad swoim życiem.

Zaczęłam pisać ten list; powstało wiele wersji, każda okupiona bólem wspomnień. W trosce o poprawną pisownię zwróciłam się do mojej dawnej nauczycielki angielskiego z prośbą o poprawienie ewentualnych błędów. Spotkałyśmy się kilka razy; poprosiła mnie, bym dobrze przemyślała, czy chcę wybaczyć również doktorowi Mengele. Z początku byłam wstrząśnięta jej sugestią, później jednak obiecałam, że się zastanowię, ponieważ uświadomiłam sobie, że jestem w stanie wybaczyć nawet samemu Aniołowi Śmierci. Pomyślałam: „Dobrze się czuję ze świadomością, że mogę to zrobić. Mam na to siłę i nikogo tym nie krzywdzę".

Przyjechaliśmy do Auschwitz 27 stycznia 1995 roku. Doktorowi Münchowi towarzyszyli syn, córka i wnuczka, a ja zabrałam ze sobą syna Alexa Kora i córkę Rinę. Doktor Münch podpisał dokumenty. Wtedy ja przeczytałam moje własne oświadczenie o wybaczeniu i je podpisałam.

Natychmiast poczułam, jak znika brzemię bólu, które dźwigałam na ramionach przez pięćdziesiąt lat. Przestałam być ofiarą Auschwitz, ofiarą swojej tragicznej przeszłości. Byłam wolna. Wykorzystałam ten moment, żeby wybaczyć również moim rodzicom, których nienawidziłam przez całe życie za to, że nie uchronili nas przed obozem, nie oszczędzili nam losu sierot. W końcu zrozumiałam, że zrobili wszystko, co mogli. Przede wszystkim jednak wybaczyłam sobie nienawiść wobec rodziców.

Złość i nienawiść to ziarna, z których kiełkuje wojna. Przebaczenie jest ziarnem pokoju. I ostatecznym aktem ukojenia.

Postrzegam wybaczenie jako szczyt bardzo wysokiej góry. Zbocze z jednej strony jest ciemne, ponure, mokre i bardzo trudno się po nim wspiąć. Jednak ci, którzy podejmą wysiłek i dotrą na szczyt, mogą zobaczyć piękno drugiej strony: zbocze porośnięte kwiatami, białe gołębie, motyle i słońce. Stojąc na szczycie, możemy oglądać obie strony tej góry. Ilu ludzi wybierze powrót ciemnym, oślizłym zboczem, zamiast brodzić w kwiatach po słonecznej stronie?

Wygłosiłam ponad trzy tysiące wykładów na całym świecie, napisałam dwie książki oraz dołączyłam trzy rozdziały do trzech innych książek. Mam nadzieję przekazać młodym ludziom naukę, jaka wypływa z tego wszystkiego, co przeżyłam:

1. Nigdy się nie poddawajcie i nie rezygnujcie z marzeń, bo w życiu zawsze mogą się zdarzyć dobre rzeczy.
2. Oceniajcie ludzi po tym, co robią, i po ich charakterze.
3. Przebaczcie swojemu największemu wrogowi i wszystkim, którzy was skrzywdzili – to wam uleczy duszę i da wam poczucie prawdziwej wolności.

W czasach gdy miałam kilkanaście lat, nigdy bym nie uwierzyła, że ktoś będzie chciał mnie słuchać albo że będę mieć coś ważnego do powiedzenia. Dlatego proszę was, żebyście pamiętali: nie wolno się poddawać, nigdy. Zawsze istnieje szansa, że przetrwacie najgorsze i spełnicie swoje marzenia.

Chciałabym zakończyć cytatem z mojej Deklaracji Amnestii odczytanej w pięćdziesiątą rocznicę wyzwolenia obozu w Auschwitz:

> *Mam nadzieję, że swoim skromnym głosem kieruję do świata przesłanie wybaczenia, przesłanie pokoju, przesłanie nadziei, przesłanie ukojenia. Nigdy więcej wojen, nigdy więcej doświadczeń bez świadomej zgody tych, na których są przeprowadzane, nigdy więcej komór gazowych, nigdy więcej bomb, nigdy więcej nienawiści, nigdy więcej zabijania, nigdy więcej obozów takich jak Auschwitz.*

Nota autorki

Lisa Rojany Buccieri
kwiecień 2009 roku

Książka *Przetrwałam. Życie ofiary Josefa Mengele* powstała dzięki wysiłkowi wielu ludzi. Po pierwsze i najważniejsze, jest oparta na wspomnieniach jednej osoby. Eva Mozes Kor jest naocznym świadkiem wielu różnych zbrodni przeciwko ludzkości. To Eva pierwsza wyraziła życzenie, by jej wydanemu własnym sumptem pamiętnikowi *Echoes From Auschwitz: Dr. Mengele's Twins, The Story of Eva and Miriam Mozes* (Echa Auschwitz: bliźnięta doktora Mengele. Historia Evy i Miriam Mozes) nadać formę bardziej odpowiednią dla młodych czytelników.

Katie McKy przeprowadzała z Evą liczne wywiady, zadając jej dociekliwe pytania i zachęcając ją, by się otworzyła i opowiedziała o sobie w sposób, który przemówi do młodych ludzi.

Susan Goldman Rubin napisała obszerny, szczegółowy szkic, spotykając się z Evą osobiście, a także dodając do pozyskanego materiału wiele cennych treści z innych zbadanych przez siebie źródeł. Bez Susan napisanie tej książki nie byłoby możliwe w tak krótkim czasie, jaki miałyśmy do dyspozycji.

Peggy Tierney, nasza redaktorka w Tanglewood Books, od lat dopingowała Evę do tego przedsięwzięcia; nie zniechęcały jej próby współpracy z kilkoma innymi pisarzami, kończone na etapie wstępnego zarysu. Wiedziała, że Eva ma do powiedzenia ważne rzeczy, i uważała, że powinny ukazać się drukiem. Chcę podziękować Peggy za to, że wierzyła, iż potrafię zebrać te materiały i napisać książkę, która nie tylko wiernie odda prawdę zawartą w relacji Evy, ale też przedstawi jej losy na tyle żywo, by młodzi czytelnicy z zainteresowaniem śledzili je na kolejnych stronach. Mogę tylko mieć nadzieję, że uznają tę książkę za wartą wszystkich naszych wysiłków.

Uważam za przywilej, że mogłam pracować nad tym ważnym przedsięwzięciem i przybliżyć historię Evy Mozes nowemu pokoleniu czytelników. Niewiele dzieci Holocaustu, a jeszcze mniej bliźniąt – ofiar doktora Mengele, przeżyło, by o sobie opowiedzieć. Eva tego dokonała. Ta historia jest opowiedziana jej głosem, w pierwszej osobie; mówi jako dorosła osoba, sięgając pamięcią sześćdziesiąt pięć lat wstecz, do czasu gdy jako mała dziewczynka, ściskając drżącą dłoń swej siostry bliźniaczki, stanęła u progu piekła… i przeżyła.

O autorkach

Eva Mozes Kor mieszka w Terre Haute w stanie Indiana. W 1985 roku założyła organizację dla bliźniąt, które przeżyły eksperymenty doktora Mengele, a także pomagała wywierać nacisk na rządy, by ścigały Josefa Mengele. W 1995 roku otworzyła w Terre Haute niewielkie muzeum Holocaustu, które z czasem przeobraziło się w Muzeum Holocaustu i Centrum Edukacyjne CANDLES, gdzie wciąż prowadzi wykłady i prezentacje, zwłaszcza dla młodzieży szkolnej. Jest uznanym mówcą, zarówno w Stanach Zjednoczonych, jak i za granicą, w tematach związanych z Holocaustem, etyką medycyny, przebaczaniem i pokojem. Wielokrotnie występowała w mediach, między innymi w programach *60 Minutes* i *20/20*, nakręcono też o niej film dokumentalny *Forgiving Dr. Mengele* (Przebaczyć doktorowi Mengele). Nadal pracuje jako pośredniczka w handlu nieruchomościami w Terre Haute. Strona muzeum to: www.candlesholocaustmuseum.org.

Lisa Rojany Buccieri napisała ponad sto książek dla dzieci, w tym kilka nagradzanych bestsellerów. Pracuje również jako menedżer w branży wydawniczej oraz jako redaktorka z ponaddwudziestoletnim doświadczeniem zawodowym. Jest główną autorką poradnika dla amatorów pragnących pisać książki dla dzieci (*Writing Children's Books for Dummies*). Stoi na czele czterech raczkujących wydawnictw, jednocześnie prowadząc własną firmę – usługi wydawnicze w Los Angeles. Pracuje jako dyrektor wydawniczy w Golden Books, Price Stern Sloan/Penquin Group USA, Gateway Learning Corp (Hooked on Phonics) oraz Intervisual Books. Mieszka z rodziną w Los Angeles. Można się z nią kontaktować na www.EditorialServicesofLA.com

Zdjęcia

Zdjęcia ze str. 71–72 przedstawiające główną bramę Auschwitz, wnętrze obozu i rampę, na której dokonywano selekcji więźniów, oraz zdjęcie rodziny Csengeri na str. 116 wykorzystano dzięki uprzejmości United States Holocaust Memorial Museum. Poglądy i opinie wyrażone w tej książce, podobnie jak kontekst, w którym zostały użyte, niekoniecznie odzwierciedlają poglądy czy stanowisko tej instytucji ani też nie oznaczają jej akceptacji czy rekomendacji.

Zdjęcie obozu Auschwitz na str. 72 wykorzystano dzięki uprzejmości Państwowego Muzeum Auschwitz-Birkenau w Oświęcimiu.

Spis treści